JN061305

# 裁判員裁判の実務

秋葉康弘〔著〕

発行 恒 春 閣

# は し が き

　全国初の裁判員裁判の裁判長を務めてから15年が経とうとしている。

　この制度の導入が決まったときは、どれくらいの国民が協力しようと思ってくれるだろうか、裁判員になられた方々は法廷の審理だけで争点や証拠内容を十分理解することができるだろうか、評議が迷走するような事態が起きないだろうかといった不安があった。また、裁判員が「聞いて見て分かる審理」を実現しなければならないが、どのような審理を目指すべきか、検察官・弁護人が目指すべき審理に適した訴訟活動をするように変わっていくだろうかといった不安もあった。

　そのような気持ちを持ちながら、裁判員制度施行の２年ほど前から東京地方裁判所で裁判長を務め、刑事事件を担当している大勢の裁判官と一緒に模擬裁判を繰り返すなどして裁判員裁判の在り方を考え、意見を交わした。市民の方々に裁判員役をお願いして模擬裁判を実施することもした。このようにして準備を進めるうちに、審理や評議の仕方がイメージできるようになり、不安は和らいでいった。

　それでも不安は拭い切れず、審理の在り方の検討も道半ばの状況で、裁判員制度が施行され、東京地方裁判所の１号事件が筆者の所属部に係属し、全国初の裁判員裁判が平成21（2009）年８月に行われた。この事件の裁判員・補充裁判員の方々は、マスコミが大きく取り上げて日本中が注目し、傍聴希望者が裁判所に押し寄せて大きな法廷の傍聴席が満席の状態で審理するといった状況下で、誰も経験したことのない職責を果たしたものであるが、皆さんが誠実で責任感が強く、審理が進む過程で、刑事裁判のルールや目的、事実認定や量刑の考え方等を説明したり、評議事項について意見交換をしたりするにつれて、理解力や判断力の高さも分かり、不安は杞憂だったと思い知った。そして、この裁判を終えたとき、裁判官・検察官・弁護人にとって負担の重い制度ではあるが、裁判員制度を導入したことは、我が国の社会にとってとても良かったと確信した。

東京地方裁判所で1年8か月間、さいたま地方裁判所で1年8か月間、併せて3年余りの間に30件ほどの裁判員裁判を担当したが、これだけの事件を担当してみても、最初の裁判員裁判を終えたときの思いが変わることはなかった。

　この15年間を振り返ってみても、裁判員裁判は、裁判員の理解力・判断力の高さと誠実さ・責任感の強さに支えられ、おおむね順調に運営されてきたといえる。しかし、東京高等裁判所で控訴事件を担当してみると、まだまだ問題もあると感じた。法曹三者は、現状に満足することなく、より理想的な裁判員裁判の在り方を検討し、それを実現する実務慣行を確立させていく取組みをしていかなければならない。そのために、各地で既済事件を題材に裁判官同士が意見交換をする会合が行われてきた。同様の取組みが検察官同士や弁護士同士でも行われているものと思われる。また、各地で法曹三者による意見交換会や事例検討会が行われてきたが、法曹三者が切磋琢磨していくことも重要である。

　中央大学の法科大学院で裁判員裁判をテーマにした演習を開講してきたが、物心がついたときには裁判員裁判が実施されていた学生がこれからの裁判員裁判を担ってその在り方を改善していくためには、その成り立ちにさかのぼった実務の現状を理解する必要があると思った。

　本書は、そのような思いから、若手法曹の皆さんが裁判員裁判の実務を担っていく道しるべになれば、と考えて執筆したものである。もとより浅学菲才の身であり、どれほどその役割が果たせるものになったかは甚だ心許ない次第である。何がしかのお役に立てたとすれば幸いである。

　本書の刊行は、株式会社恒春閣社長市倉泰さんが暖かくも力強く背中を押してくださり、編集部長南林太郎さんの丁寧な校正等のサポートによって実現するに至ったものである。心より感謝を申し上げる。

　令和6（2024）年7月

秋　葉　康　弘

# 目　次

**巻末資料**

# 【凡　例】

## ①　法　令

| | |
|---|---|
| 刑訴法 | 刑事訴訟法（昭和23年法律第131号） |
| 刑訴規則 | 刑事訴訟規則（昭和23年最高裁判所規則第32号） |
| 裁判員法 | 裁判員の参加する刑事裁判に関する法律（平成16年法律第63号） |
| 裁判員規則 | 裁判員の参加する刑事裁判に関する規則（平成19年最高裁判所規則第7号） |

## ②　条　文

刑訴規則178－6①Ⅰ　刑事訴訟規則第178条の6第1項第1号

## ③　判例集等

| | |
|---|---|
| 刑集 | 最高裁判所刑事判例集 |
| 東高時報 | 東京高等裁判所判決時報（刑事） |
| 高刑集 | 高等裁判所刑事判例集 |
| 判タ | 判例タイムズ |

## ④　裁判

| | |
|---|---|
| 最判 | 最高裁判所判決 |
| 最決 | 最高裁判所決定 |
| 東京高判 | 東京高等裁判所判決 |

# 第1章

## 裁判員裁判の原点と到達点

## I　裁判員裁判の原点

### 1　裁判員裁判を担う視点

　裁判員裁判がどのように行われているのかを深く理解し、裁判員裁判がどのように行われるべきかを考えながら実務を担っていくためには、その原点を理解し、折に触れてその原点に立ち返ってみることが重要である。

　そこで、最初に裁判員制度が導入された経緯と目的を振り返ることにする。

### 2　裁判員制度導入の経緯

　平成11（1999）年7月、司法制度改革審議会設置法により、「21世紀の我が国社会において司法が果たすべき役割を明らかにし、国民がより利用しやすい司法制度の実現、国民の司法制度への関与、法曹の在り方とその機能の充実強化その他の司法制度の改革と基盤の整備に関し必要な基本的施策について調査審議する」ことを目的として、司法制度改革審議会が内閣の下に設置された。そして、この審議会は、平成13（2001）年6月、「司法制度改革審議会意見書」[1]（以下、「審議会意見書」と略す。）を取りまとめ、内閣に提出した。

　審議会意見書では、「I　今般の司法制度改革の基本理念と方向」として、第1と第2で「21世紀の我が国社会の姿」「21世紀の我が国社会において司法に期待される役割」を論じた上、第3で「21世紀の司法制度の姿」を実現するための「司法制度改革の三つの柱」を提言している。その一つ目は、「国民の期待に応える司法制度の構築（制度的基盤の整備）」であり、二つ目は、「司法制度を支える法曹の在り方（人的基盤の拡充）」である。そして、

---

1　裁判員制度が司法制度改革の中においてどのような位置付けで導入されたのかについては、審議会意見書を読み込んでいただきたいと思うので、本書末尾に資料として裁判員制度の導入目的・位置付けに関連する箇所を掲載することにした。

三つ目として、「国民的基盤の確立（国民の司法参加）」が取り上げられ、裁判員制度の導入が打ち出された。

審議会意見書を受けて、平成16（2004）年5月に裁判員法が制定され、平成21（2009）年5月21日に施行され、裁判員の参加した刑事裁判（以下、「裁判員裁判」と略す。）が始まった。

## 3　裁判員制度導入の目的

審議会意見書Ⅰ第3の1では、裁判員制度の導入目的は、司法の「国民的基盤の確立」のために司法に対する国民の信頼を高めることにあるとされている。さらに、審議会意見書の「Ⅳ　国民的基盤の確立」第1の1では、裁判員制度導入について、「一般の国民が、裁判の過程に参加し、裁判内容に国民の健全な社会常識がより反映されるようになることによって、国民の司法に対する理解・支持が深まり、司法はより強固な国民的基盤を得ることができるようになる。」としている。

また、裁判員法1条では、裁判員裁判について、「国民の中から選任された裁判員が裁判官と共に刑事訴訟手続に関与することが司法に対する国民の理解の増進とその信頼の向上に資する」としている。

他方で、審議会意見書Ⅰ第2の3では、「司法が国民的基盤を確保するためには、法曹が、国民から信頼を得ていなければならない。信頼の源は、法曹が、開かれた姿勢をもって、国民の期待に応える司法の在り方を自覚的に作り上げていくことにある。法曹は、国民に対する説明責任の重みと、国民にとってより良い司法を確立する高度の責任を自覚しつつ、進んでこれらを果たしていかなければならない。」ともされている。

施行の準備段階における模擬裁判に協力していただいた市民の方々からも、施行後に裁判員になられた方々からも、「どうして裁判員制度ができたのですか」とよく聞かれた。そうした方々に対し「司法の国民的基盤を確立するため」とか「司法に対する国民の信頼を高めるため」などと答えても、裁判

員制度の導入目的に関する説明としては分かりづらいと思った。中には、「裁判官が足りないので、裁判員制度を導入したんですよね」などと言われる方もおられ、裁判所の都合でたくさんの国民に多大な負担を負わせることにしたなどと誤解されないように説明しなければならないと考えた。

　そこで、導入目的を平易に説明しなければならないと思い、審議会意見書を踏まえ、裁判員制度が司法や社会の在り方にどのような影響を与えることになるかを考え、①裁判員が刑事裁判に参加して国民の感覚を裁判に反映させることにより、より良い裁判を実現することつながる、②刑事裁判や捜査に携わる法曹や警察は裁判員である国民の視線を意識することになるので、裁判官、検察官及び弁護士の活動、さらには警察の捜査の在り方に良い影響を与える、③裁判員として刑事裁判に参加すると、犯罪は他人事でなく、身近で起こっていることであることを知る機会になるので、犯罪の防止や犯罪者の更生により多くの国民が関心を持つことにつながると説明していた。

　このような説明が適切なものといえるか迷う面もあったが、10年余りにわたる裁判員裁判が司法や社会の在り方に与えてきた影響を振り返ってみても、誤っていたとはいえないように思う。

## Ⅱ　裁判員裁判がもたらした変化

### 1　国民の感覚の反映

　裁判員から「私たちが裁判員として裁判に参加することによって、何か変わるのでしょうか」と問われたことが何度かあった。

　振り返ってみると、裁判員裁判になって、性犯罪等の量刑が重くなったり、殺人罪等で執行猶予が付される率が上昇したりという変化があった[2]。

　裁判員裁判実施前も、性犯罪の量刑は、法定刑を引き上げる法改正もあり[3]、徐々に重くなる傾向にあったが、性犯罪の被害法益が「性的自由」と

とらえられ、強制性交等罪の法定刑が強盗罪より軽いというように性犯罪の法定刑の低さもあり、さらに、量刑の公平性に対する考慮もあって、人格的尊厳を踏みにじられたことなどにより被害者が被った精神的痛手に見合った量刑になっていないと感じていた。ところが、強制性交等致死傷罪等が裁判員裁判の対象になり、裁判員裁判で量刑が判断されるようになると、裁判員裁判実施前の量刑傾向より相当重い量刑がなされるようになった。事件ごとに異なる国民が裁判員として参加していながら、「被害者が被った精神的痛手」の本質を感覚として理解している大方の裁判員が、「量刑の公平性に対する考慮」を後退させても、「被害者が被った精神的痛手に見合った量刑」にすべきであると考え、その思いが評議で述べられ、判決に結実していったものと思われる。そして、このような変化は、裁判員裁判の対象でない性犯罪の量刑傾向にも影響していったように見える [4]。

　また、殺人罪については、裁判員裁判実施前まで、人の生命の重さ故にこれを意図的に奪う行為を行った責任は重大であり、刑の執行猶予は「３年以下の懲役」に処するときに限定されているところ、殺人罪の法定刑の下限は

---

**2**　最高裁が令和元（2019）年５月に公表した「裁判員制度10年の総括報告書」でも、「量刑への国民の視点・感覚の反映」として指摘されており（同書17頁）、殺人既遂罪の量刑傾向の変化については、図表23−１として、（準）強姦致死傷・（準）強制性交等致死傷罪（これらの罪については、令和５（2023）年の法改正により（同年７月13日施行）不同意性交等致傷罪として処罰範囲が広げられた）の量刑傾向の変化については、図表23−４として掲載されている。

　なお、この報告書は、裁判所の下記WEBサイトで「裁判員制度関連報告書」として公開されている。
https://www.saibanin.courts.go.jp/shiryo/index.html

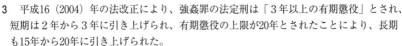

**3**　平成16（2004）年の法改正により、強姦罪の法定刑は「３年以上の有期懲役」とされ、短期は２年から３年に引き上げられ、有期懲役の上限が20年とされたことにより、長期も15年から20年に引き上げられた。

**4**　性犯罪の保護法益について、前田雅英「刑法各論講義［第７版］」（東京大学出版会・2020）95頁では、「性的自由に対する罪という表現が用いられることが多いが、必ずしも適切ではない。単に性的自己決定（権）が害されるということではなく、身体と人格的尊厳についての、より重大な侵害を伴う犯罪と考えるべきである。」とされている。

懲役３年であったことから、経緯や動機を考慮して法定刑の下限に処した上で執行猶予まで付するということは軽々にできないと考えられてきたように思う。さらに、平成16（2004）年の法改正により殺人罪の法定刑の下限は懲役５年に引き上げられ、刑の執行猶予を付することができるのは酌量減軽すべき事案に限られることになった。しかし、多くの裁判員は、被告人が被害者を殺すに至った経緯や心情、そのような心情を被告人に抱かせた被害者の帰責内容・程度や被告人の社会的境遇等によっては、殺人行為を行った責任が重大であっても、社会内で更生する道を歩ませたいと考え、評議を経て判決に反映されていったものと思われる。

　このような量刑傾向の変化は、「国民の感覚を裁判に反映させる」という裁判員制度の目的が目に見えて分かりやすい側面といえる。今後も、社会状況や国民の意識の変化が裁判員裁判を通じて的確に量刑に反映され、量刑傾向が変化していくであろうと思われる。

## 2　防犯・犯罪者更生への意識向上

　裁判所では、裁判員裁判の判決宣告直後にその事件の裁判員・補充裁判員の方々に対してアンケートへの回答をお願いしている。その中で、裁判員に選ばれる前の気持ちと参加した感想について質問している。裁判員に選ばれる前は、最近でも４割以上の方が「やりたくなかった」「余りやりたくなかった」と思っているが、裁判終了後は、97％もの方が「非常によい経験と感じた」「よい経験と感じた」と答えている[5]。

　裁判がどのように行われるのかが分かったのがよかったとか、普段経験できないことを経験できたのがよかったという感想も多いが、「今までは、犯罪は自分と関係がないと思っていたが、意外に身近に起こっていると知った。自分や家族がいつ被害者になるか分からず、犯罪防止に関心を持つようにな

---

5　このアンケート結果は、裁判所の前記WEBサイトで「裁判員等経験者に対するアンケート調査結果」として公開されている。

った」「被告人を直に見ると、何とか更正してほしいと思う。でも、色々な事情があって、更正することが難しいとも思う。社会の問題も感じ、無関心ではいけないと思うようになった」という感想も多く聞かれた。

　このような気持ちを持つ方が少しずつ増えていき、長い年月のうちに社会の有り様も変わってくる効果もあるように思う。裁判員裁判の意義については、このような長期的な視点で考えることも大事だと思っており、この点も、裁判員制度導入の目的といえるのではなかろうか。

## 3　訴訟手続への影響

　裁判員裁判実施前の刑事裁判では、否認事件における争点判断のポイントがどこにあるのか、請求証拠がそのポイントの判断にどう関連しているのか、当該事件の量刑判断のポイントとなる要素は何なのか、量刑要素の軽重に見合った立証なのかという観点からの検討が不十分なまま、検察官・弁護人は関連がありそうな事実を網羅的に主張・立証することがあり、裁判所もそれを許容し、そのような主張を踏まえて網羅的に判断を示す傾向があったように思う。そのため、刑事裁判全体が冗長で分かりづらいという印象を持たれていた面があった。そのような実務の有り様を変えようと努力し、少しずつ変わってきていたが、なかなか大きく前進するまでには至らなかった。

　ところが、裁判員制度導入を契機として、刑事事件担当裁判官らによる意見交換が重ねられる中で、刑事裁判は被告人が犯罪事実を行ったか否かとどのような量刑が妥当かを判断するためのものであり、それらの判断に必要な範囲で審理をして判決で理由を示すべきであるということが再確認され、そのような裁判の在り方を「核心司法」と呼び、裁判官の共通認識になっていった。さらに、裁判員裁判の実施等を通じて検察官や弁護人にもそのような考え方が浸透してきており、裁判員裁判では「核心司法」に沿った審理・判決がかなり実現されるに至っており、非裁判員裁判にも波及してきているようである。

　「核心司法」に沿った審理・判決では、犯罪事実や量刑の判断に関わる事

実について当事者に争いがある場合、その争点判断のポイントを明確にした上で、当事者はそのポイントに焦点を当てた主張・立証をし、裁判所はそのポイントに焦点を当てて判断を示すことが求められる。量刑判断については、非裁判員裁判も含めて、大方の判決が、行為責任の原則[6]に基づいて、量刑要素となる事実を明確にとらえ、それぞれの事実が量刑に与える影響の大小を評価し、それを量刑理由として端的に表現するようになっており、当事者の主張・立証も行為責任の原則を踏まえたものになってきている。犯罪事実に争いがある裁判員裁判では、公判前整理手続で争点判断のポイントを明確にし、そのポイントに焦点を当てた審理・判決がおおむね実現できており、その影響は、公判前整理手続に付された非裁判員裁判にも波及しているように思う[7]。

　裁判官としての仕事の有り様についても、裁判員裁判においては、公判前

---

6　行為責任の原則について、井田良ほか「裁判員裁判における量刑評議の在り方について（司法研究報告書第63輯第3号）」（法曹会・2012。以下、「量刑評議に関する司法研究」という。）4〜6頁は、「量刑においては、基本的には、法がどれほど強く守ろうとしている法益に対して、これをどの程度棄損する行為をしたのか、また、どの程度危険性の高い侵害行為をしたのか、そして、その法益を侵害したことについて被告人をどの程度非難することができるのかを検討し、法益保護の要請に反した程度に応じて刑罰という反作用の強弱が決められるべきであり」、「量刑の本質は、被告人の犯罪行為に相応しい刑事責任の分量を明らかにするところにあ」るとの考え方として説明している。

7　控訴審についても、裁判員裁判実施前は、第1審と同じ立場で犯罪事実の有無や量刑の判断をし、第1審の判決を破棄しているような判決もあったが、裁判員制度の導入を契機として、控訴審は、第1審の判決を対象とし、第1審の審理を基礎とする事後的な審査に徹すべきであるという考え方が控訴審担当裁判官により再確認されて（大澤裕ほか「裁判員裁判における第一審の判決書及び控訴審の在り方（司法研究報告書第61輯第2号）」（法曹会・2009。以下、「判決書等に関する司法研究」という。）92頁以下参照）、共通認識になっており、事後審として在るべき審理・判決がおおむね実現されている。
　そのため、事実誤認の主張については、第1審判決の事実認定が論理則、経験則等に照らして不合理であるかどうかを審査し、破棄する場合には、論理則、経験則等に照らして不合理であることを具体的に示さなければならず（最判平成24年2月13日刑集66巻4号482頁）、量刑不当の主張についても、不合理であることが明らかな場合以外は第1審の判断を尊重すべきであるということが共通認識になっている。

整理手続で、当事者の主張書面等に基づいて、公判審理の流れをイメージし、それぞれの事案にふさわしく、裁判員にとって分かりやすい審理になるかを考え、さらには、どのような点が評議や判決のポイントになるかも想定し、不明確な点や過不足があると考えたときは、当事者に対してそれを指摘して説明を求めるなどして、審理計画を立て、充実した公判審理が計画的に継続して迅速に行えるよう力を注ぐようになった。

　このような公判審理を実現するためには、当事者の主張や証拠請求等を十分検討して、否認事件における争点判断のポイントや量刑判断に大きな影響を与える事実を明確にする主張整理をしなければならないが、証拠を見ていない裁判官がそのような主張整理をすることは容易でない事件もあり、公判前整理手続の中で、事実認定や量刑判断の在り方について、根本に立ち返って考えを深め、当事者の立証構造や量刑要素を分析的に検討することが求められる。また、このような検討をしておかなければ、裁判員に対して適切な説明ができず、十分な評議をすることもできない。

　裁判員裁判実施前は、公判審理で証拠調べをしながら、事実認定や量刑判断の枠組みを考えていたのとは様変わりである。

## Ⅲ　裁判員裁判の到達点

### 1　分かりやすい公判審理

　裁判員裁判については、実施準備段階から「裁判員にとって分かりやすい公判審理」ということが言われ、その実現に向けて法曹三者が試行錯誤を重ねてきた。「分かりやすさ」とは何を意味しているのか、裁判官によってとらえ方がかなり異なっていると感じた時期もあったが、現在では「公判中心の核心司法」の実現こそが「分かりやすい公判審理」であるという認識が共有されている。「公判中心の核心司法」とは、刑事裁判の目的である犯罪事

実と量刑の判断に必要な範囲で審理をして判決するという観点から、それぞれの事件の争点判断のポイントを明確にした上で、そのポイントについて、人証を中心とした立証により心証を形成できる審理をして判断を示すという裁判の在り方を意味するが、そのような審理がかなり実現されており、多くの判決がそのような内容になってきている。

## 2　分かりやすさの本質

　裁判終了直後に裁判員・補充裁判員の方々にお願いしているアンケートの中には、「検察官、弁護人、裁判官の法廷での説明等はわかりやすかったですか。検察官、弁護人、裁判官それぞれについて、あてはまる番号に１つだけ〇をお付けください。」という問いがあり、「検察官は……１わかりやすかった、２普通、３わかりにくかった」「弁護人は……１わかりやすかった、２普通、３わかりにくかった」という選択肢が設けられている。

　そのアンケートを見ると、自白事件でも、弁護人の訴訟活動の「わかりやすかった」割合は、半分以下と低迷している（平成23年度は44.1％であり、この程度の割合が続いていたが、最近は少し改善し、令和３年度は48.6％であった）。検察官の訴訟活動についても、70％前後で推移している（平成23年度は67.9％であったが、徐々に改善してきており、令和３年度は71.1％であった）。「わかりにくかった」割合も、検察官は３％台で推移し（平成23年度は3.9％で、令和３年度は3.2％であった）、弁護人は10％前後で推移している（平成23年度は12.5％で、令和３年度は8.9％であった）。

　否認事件では、弁護人の「わかりやすかった」割合は、当初40％近くであったのが、30％以下に落ち込み、最近は35％近くに回復してきた（施行された平成21年度は37.1％であったが、平成23年度には28.9％になり、令和３年度には34.6％になっている）。検察官についても、70％強であったのが、60％強に落ち込み、最近は70％弱に回復してきた（平成21年度は70.6％であったが、平成23年度には62.4％になり、令和３年度には68.4％になっている）。

「わかりにくかった」割合も、検察官が４～５％程度で、弁護人は２割前後もある。

　これだけ多数の裁判員がどうして弁護活動を分かりにくいと言うのか。裁判員は、審理途中の休憩の際に「弁護人はどうしてあのような主張・立証をするのでしょうか」とよく問い掛けてきた。そのような問い掛けをする裁判員の気持ちを探っていくと、弁護人の主張やその前提の立証活動に共感できないという気持ちの表れであることが分かった。「弁護人は、被告人と打合せをする中で、被告人の言い分をよく聞き、それを踏まえて弁護活動をしなければならない立場にある」などと説明し、弁護人の立場への理解を求めるものの、納得いかない様子であった。検察官の訴訟活動も含めて、このように共感できない当事者の主張・立証活動は、納得いかず理解できないことから「わかりにくい」という感想になっていることが多いように思われる。

　暴力団組長が多量の覚醒剤を密輸入したという事件で、弁護人が家族でテーマパークに行った写真を証拠請求し、その写真を取り調べた。このような立証は、多量の覚醒剤を密輸入するような暴力団組長も家族にとっては良い父親であり、頼っている家族がいることが良い情状事実になるという考えによるもので、裁判員裁判実施前までは普通に行われていた。ところが、裁判員の方々からは、「悪いことをしたお金で、大勢の家族でテーマパークに行って楽しむなんてとんでもない。家族にだって、責任はある」などと厳しい意見が出されたことがあった。

　このようにこれまで何となく流していた審理の中に「核心司法」に反するものがあることに気付かされることがあった。一つ一つは結論を左右するものでないにしても、長年裁判に携わっている中で「まあいいかな」と深く考えることを疎かにしてしまっていた面があった。裁判員の方々と評議をすることで、そのように流してしまっていたことを初心に戻って考え直してみるようになり、考えを深めることができた。そして、このことは、他の裁判の審理・判決に知らず知らずに影響が出てきていたのではないかと思う。

　また、こういった裁判員の視点は、多くの裁判官が色々な機会に検察官や弁護士に伝えてきた。そうすることによって、検察官や弁護人も、本当に重要なことは何か、本当に意味のある立証は何かを考えるようになり、それぞれの主張や立証がポイントに絞られるようになってきたのではなかろうか。このようにして形作られてきた新しい審理・判決の在り方は、被告人やその家族、被害者やその家族にとっても分かりやすく、納得性の高い裁判につながってきているのではないかと思う。

　このように考えてくると、分かりやすさの本質は、表現や説明の仕方といった形式だけでなく、内容も含めて刑事裁判の目的に適った合目的的な合理性であり、裁判員にとって「分かりやすい公判審理」を実現するためには、当事者の訴訟活動も、裁判所の訴訟運営も、そのような合理性のあるものでなければならないのである。

## 3　検察官・弁護人の訴訟行為の到達点

　前掲「裁判員制度10年の総括報告書」によれば、自白事件における犯罪事実立証のための書証取調べ時間は、平成23（2011）年では1時間半近かったが（83.4分）、平成29（2017）年では1時間ほどになっており（59.9分）、検察官請求の平均取調べ証人数も、平成23（2011）年は1.3人であったが、その後は2.0人以上の水準で推移しており、否認事件のみならず、自白事件でも増加している。控訴事件の記録を見ていても、その事件の争点に関する重要な事実について心証形成するために必要十分な書証が取り調べられ、人証を中心とした立証がなされていると感じる事件も相当数あり、「公判中心の核心司法」に適った審理の実現がかなり進んできているように思われる。

　しかし、公判前整理手続における争点整理や証拠整理が的確になされていない事件も散見される。その原因については、当事者が主張すべきことを的確に主張していないにもかかわらず、裁判所がそれを放置しているという問題もあるが、本来は、裁判所からの働き掛けを受けるまでもなく、当事者が

主張すべきことを的確に主張すべきであるのに、それができていないということである。例えば、的確な争点整理をするために、検察官には、捜査過程の取調べで得た被告人の供述に頼ることなく、客観的証拠によって認められる事実により立証するという観点から立証構造を検討して主張してほしい場合がある。弁護人には、被告人から聴取した供述内容に基づいた主張をするだけでなく、検察官から開示された証拠を検討している立場から、検察官の主張の問題点を指摘する主張をしてほしい場合がある。

# Ⅳ　法曹三者の責務

## 1　より良い司法の確立

　審議会意見書が示した裁判員裁判の原点に立ち返ってみると、司法の国民的基盤は、法曹三者に対する国民の信頼にかかっており、その信頼の源は、法曹三者が「国民の期待に応える司法の在り方を自覚的に作り上げていくこと」にあり、法曹三者は、「国民にとってより良い司法を確立する高度の責任を自覚しつつ、進んでこれらを果たしていかなければならない」のである。

　したがって、法曹三者は、現状に満足することなく、より理想的な裁判員裁判の在り方について、それぞれの立場で検討し、意見交換を繰り返し、それを実現する実務慣行を確立させるための長期的な視点に立った取組みを継続していくことが求められているといえるのではなかろうか。

## 2　裁判員裁判の次の一歩

　より理想的な裁判員裁判の在り方という観点から公判前整理手続を見ると、争点整理が的確でなかったり、的確な争点整理に至る過程が適切でなかったりしている事件もある。その原因は、争点整理の在り方について、法曹三者が、一般論として「核心司法」に適ったものにしようという意識を持ちなが

らも、当該事件でどのような訴訟行為・訴訟運営をすべきかについて、明確な指針が十分持てていないことによるのではないかと思われる。

どのような「争点整理の結果」を目指すのか、目指すべき「争点整理の結果」をどのような手順で実現していくのかについて、明確な指針を持って公判前整理手続に臨むことにより、争点整理と証拠整理が円滑に行われ、「分かりやすい審理」が実現され、法曹三者に対する国民の信頼、ひいては司法に対する国民の信頼が増し、社会における司法の役割をより良く果たすことができるのではないかと思われる。

また、公判審理については、より一層「分かりやすい審理」の実現が求められているのではなかろうか。「分かりやすい審理」の中核は、人証であり、証人尋問と被告人質問の在り方が問われる。また、図面や写真等の視覚証拠が適切に取り調べられているかにも問題があるように感じている。

さらに、控訴審で多数の第１審判決を見ていると、評議において裁判員同士や裁判員と裁判官が実質的な議論をして結論を導いているのか、あるいは、判決内容がそのような評議を反映したものになっているのか判然としないものが目に付き、さらには、核心司法に適った簡潔な内容になっていない判決書も散見された。

次章以下では、このような問題意識を踏まえつつ、裁判員裁判の実務がどのように行われているのかを説明することにする。

# 第2章

## 公判前整理手続の実務

## Ⅰ　公判前整理手続の意義と概要

### 1　公判準備の必要性

　充実した公判審理が迅速に行われて合理的な期間内で判決に至るためには、公判審理前に十分な準備をする必要がある。

　このことは、法改正により平成17（2005）年に公判前整理手続が導入される前も同じであり、そのために訴訟関係人の事前準備に関する刑訴規則178条の2以下の規定が設けられている。公判前整理手続導入後も、公判前整理手続に付されなければ、それらの規定による事前準備をすることになる。

　公訴事実に争いがあって多数の証拠を取り調べなければならない事件で充実した公判審理を迅速に行うためには、審理計画を立てる必要があり、審理計画を立てるためには、どのような審理手続にどれくらいの時間を要するかの見込みを把握する必要がある。審理手続の中で時間がかかるのは、証人尋問、被告人質問等の人証の取調べである。そうすると、どのような人証を何人取り調べることになるかが分かれば、おおよその審理日数の見込みが立つ。証人等の人証の数やそれぞれの尋問・質問に要する時間は、争点に関する判断事項によって定まってくる。だから、争点に関する判断事項を把握する必要があり、審理計画を立てるために必要な限度で争点判断のポイントを明確にする争点整理をしなければならないのである。

### 2　公判前整理手続導入前の公判手続の状況

#### (1)　公判手続の基本的な流れと枠組み

　第1審の公判手続は、公訴提起（刑訴法256①）で始まり、公判審理を行い、判決宣告（同法342）に至る。公判審理は、冒頭手続から始まり（同法291）、証拠調べ手続を行った上（同法292）、弁論手続で終結する（同法293）。これが刑訴法の定める公判手続の基本的な流れである。

　刑事事件の第1審公判手続は、起訴状一本主義を採用しており（刑訴法256⑥）、事件につき予断を持たない状態で公判審理に臨んだ裁判所が、このような段階を踏んで審理手続を行っていくことによって適正な判断ができるようにしている。

⑵　事前準備の役割と限界

　このような公判手続の基本的な流れと枠組みからすると、裁判所は、第1回公判期日前に争点判断のポイントやその判断に要する証拠調べの範囲を把握することができず、検察官・弁護人と「訴訟の進行に関し必要な事項について打合せを行う」ことができるものの（刑訴規則178-16①）、主宰者として綿密な審理計画を立てることはできなかった。したがって、第1回公判期日前の事前準備は、当事者双方が相互に連絡を取り合いながら自発的積極的に行うことが期待されており、充実した公判審理を迅速に行っていくためには、本来、検察官と弁護人が第1回公判期日前の事前準備において意見交換を十分に行い、裁判所の争点判断におけるポイントとその判断に要する証拠調べの範囲を詰め、検察官と弁護人が話し合ってそれぞれの立証計画に基づいた審理計画を立て、それを裁判所に伝えて公判期日を確保し（同規則178-6③Ⅱ）、公判審理を進めていくことが求められていたといえよう。しかし、主張が対立している当事者が自主的にそのような意見交換や話し合いを行おうとする機運は見られず、検察官は手持ち証拠に基づいて冒頭陳述を準備しながら請求証拠を選別して請求予定証拠を弁護人に開示し、弁護人は開示された証拠を検討した上で被告人と面接して弁護方針と検察官請求予定証拠に対する意見を定め、それぞれが第1回公判期日に臨むというのが、一般的な事前準備の状況であった。そのため、第1回公判期日では、冒頭手続に続いて、検察官が冒頭陳述と証拠調べ請求をし、弁護人が検察官請求証拠に対する意見を述べ、取調べに同意した証拠書類と取調べに異議のない証拠物を取り調べ、不同意とした証拠書類に代えて検察官が証人を請求し、請求された証人数等に応じて、第2回以降の公判期日を指定するなどし、少なくと

も第2回公判期日に行う証人尋問の決定をして終えていた。

(3) 証拠調べ手続の流れ

ア 冒頭陳述の機能

　証拠調べ手続の初めに検察官が冒頭陳述を行い、証拠により証明しようとする事実を明らかにする（刑訴法296）。検察官の冒頭陳述後、被告人・弁護人も冒頭陳述を行うことができるが（刑訴規則198）、実務では、ほとんど行われてこなかった。

　公判前整理手続を経ていない事件における検察官の冒頭陳述は、事件について起訴状以外の情報に接していない裁判官に対し、請求予定証拠に基づいて事件の概要を明らかにし、証拠調べの方向性を判断する材料を提供するとともに、被告人・弁護人には具体的な防御の対象を示す機能がある。

　公判前整理手続に付された場合は、これらのことが公判前整理手続の中で行われる。公判前整理手続を経た事件では、被告人・弁護人も冒頭陳述を行うことになっているが（刑訴法316-30）、当事者双方の冒頭陳述は、争点整理の結果を踏まえた立証のポイントを示すものであり、裁判員裁判においては、裁判員に対し、取り調べられる証拠を見聞きする視点を提供するものといえ、その機能はかなり異なっている。

イ 基本的な証拠調べの流れ

　冒頭陳述後、検察官は、公訴事実として特定した犯罪事実の立証責任があるので、これを立証するために必要な証拠の取調べを請求する。

　証拠調べ請求に対し、裁判所は、採否を判断し、証拠調べ決定か証拠調べ請求却下決定をしなければならないが（刑訴規則190①）、これらの証拠決定をするには、相手方の意見を聴かなければならず（同②）、検察官の証拠調べ請求については、被告人・弁護人の意見を聴かなければならない。この証拠意見は、証拠調べ請求で明示された立証趣旨とともに（同規則189①）、証拠決定の判断資料になるものであるが、裁判所はこれに拘束されるものではない。

　この意見聴取において被告人・弁護人が刑訴法326条の同意をした証拠書類は、その内容に争いがない供述調書か、争いがあってもその供述者から有利な証言が得られる見込みがない供述調書や客観的な事項に関する実況見分調書、鑑定書等であるから、最初にそのような証拠書類や証拠物の証拠調べを行うことになる。

　その上で、不同意とされた証拠書類に関しては、検察官が、その証拠書類の証拠調べ請求を撤回するか維持したまま、その供述者の証人尋問を一括あるいは順次請求し、裁判所が、被告人・弁護人の証拠意見を聴いた上で、必要性を判断して証人の取調べ決定をし、順次証人尋問を行っていくことになる。

　証人尋問の結果次第では、検察官は、不同意とされた証拠書類を伝聞法則の例外に当たるとして、その取調べを求め、裁判所は、被告人・弁護人の意見を聴いた上、その証拠書類の採否を決定する。

　基本的には、検察官の立証が、同意された被告人の供述調書の取調べも含めて、いったん終了した後、被告人・弁護人の証拠調べ請求があり、同様の証拠調べ手続がとられるとともに、被告人質問が行われてきた。

ウ　証拠調べの拡散傾向

　公判前整理手続を経るか否かにかかわらず、それぞれの事件の争点判断のポイントを明確にし、争点判断のポイントに焦点を当てた人証を中心とした証拠調べによって心証を形成する審理が求められており、証人尋問や被告人質問の結果が争点判断における重要な証拠になっている。

　にもかかわらず、公判前整理手続導入前の公判手続では、公判準備で争点判断のポイントとその判断に要する証拠調べの範囲を詰めて綿密な審理計画を立てることができず、検察官も弁護人も公判審理を進めながら争点判断のポイントを探り、証拠調べ請求をしており、裁判所は、争点判断のポイントを明確に把握できないまま、証拠調べの範囲を定めていたため、証拠調べの範囲は必要以上に広がり、人証に対する尋問・質問も拡散する傾向があった。

## 3　公判前整理手続導入の目的

　裁判員裁判では、裁判員にできるだけ負担をかけないようにするため、審理期間・審理日数・審理時間を短くした上、しっかりとした審理計画を立てて、充実した公判審理を行う必要がある。そこで、裁判員裁判の施行に備えて、そのような公判審理が実現できるようにするために公判前整理手続が導入された。

　公判前整理手続は、充実した公判審理を継続的、計画的かつ迅速に行うために行われるものとされており（刑訴法316－3①）、当該事件の争点と証拠を整理して（同法316－2①）、争点判断のポイントを明確にした上で、公判で取り調べる証拠を決定し、的確な審理計画が策定できるようにしたもので、刑訴規則178条の2以下の準備手続では実現できなかったことを実現できるようにしたものといえよう。

## 4　公判前整理手続の概要

　現在の実務では、概ね次のようにして争点と証拠の整理が行われ、審理計画が策定されている。

①　裁判所は、起訴から1週間くらいのうちに検察官・弁護人に集まってもらい、打合せを行っている。この打合せの目的は、裁判所・検察官・弁護人の三者間で、当該事件の争点や証拠の整理に関する情報や意見を交換し、進行に関するスケジュール感を共有することにある。

　　通常、この打合せ前に検察官の証明予定記載書や証拠請求書の提出期限が定められるので（刑訴法316－13④。検察官は、原則として起訴から2週間後を提出期限とすることに応じている。）、この打合せでは、それらの提出期限を確認することから始めている。その際、裁判所は、検察官に対し、請求証拠の開示と一緒に典型的な類型証拠も任意に開示する予定かどうかも確認している。多くの検察官は、そのような対応を取っているので、念押しの確認ではあるが、そのような対応を考えていない検察官がいた場

合には、そのような対応を求める必要があるためである。

　また、弁護人には、争点に関する見込みを聞き、類型証拠開示請求をするのであれば、できるだけ早期に行うよう求めている。

　このような打合せを行っているのは、公判前整理手続を合理的な期間内に終えるためだけでなく、裁判所としては、公訴事実に関する争点の有無・内容、検察官請求予定証拠の数量・類型等から、公判前整理手続に要するおおよその期間の見込みを立て、公判期日と裁判員等選任手続期日の仮予約をすることによって、公判前整理手続の終了から公判審理までの空白期間をできるだけ短くしようとしているのである。

　公判期日等の仮予約については、裁判所が公判前整理手続を早く終わらせることだけ考えていると検察官・弁護人から誤解されないように留意することが大事である。裁判所としては、連日的な公判期日を確保する場合、裁判所だけでなく、検察官・弁護人にも次々と新たな予定が入ってくるため、公判前整理手続を終了する時期になって公判期日を入れようとすると、数か月先でなければ必要な公判期日が確保できないという事態になってしまうことが多いことを当事者双方に説明した上で、公判期日等の仮予約は、その時点における進行見込みによるもので、今後の公判前整理手続の進行状況によって柔軟に変更するつもりであることを明確に伝えなければならない。検察官・弁護人としても、裁判所の説明が不十分であれば、裁判所に対し公判期日等の仮予約の趣旨を確認して対応を判断すべきである。

②　その後、検察官は、定められた期限までに、証明予定事実記載書を提出するとともに、その事実を証明するための証拠調べ請求をし、請求証拠の開示をしている（刑訴法316－13①②、316－14①）。その際、典型的な類型証拠についても任意に開示している。

③　弁護人は、必要があれば、証拠一覧表の交付を請求し、その交付を受け（刑訴法316－14②）、検察官が任意開示した証拠で不十分であれば、類型証拠の開示請求をし、検察官は、これに応答することになる（同法316－

15)。

④　このようにして開示された証拠を踏まえて、弁護人は、予定主張記載書面を提出するとともに、検察官請求証拠に対する証拠意見を明らかにすることになる（刑訴法316-16、17）。

　　これによって、公訴事実に関する争点の有無とその大枠が判明し、証拠調べの大枠も定まり、その後の公判前整理手続に要するおおよその期間と公判審理に要するおおよその日数の見込みが立つので、弁護人の予定主張記載書面提出等を受けて行われる公判前整理手続期日や打合せ（以下、これらを「公判前整理手続期日等」という。）で公判期日等の仮予約をすることが多い。

⑤　さらに、弁護人は、必要に応じて主張関連証拠の開示請求をし、検察官は、これに応答することになる（刑訴法316-20）。

⑥　⑤と並行して、検察官は、弁護人の主張を踏まえて、争点に関する立証構造を明らかにする証明予定事実記載書を追加提出している（刑訴法316-21①）。

　　公判前整理手続期日等において、弁護人の主張内容やそのポイントについて、裁判所を交えて検察官と弁護人が意見交換することによって、この証明予定事実記載書が争点整理の出発点として有用なものになるようにすることが重要である。

⑦　次に、弁護人は、その証明予定事実記載書に対する予定主張記載書面を追加提出することになる（刑訴法316-22①）。

　　この書面についても、公判前整理手続期日等において、争点に関する立証構造を明らかにする証明予定事実記載書面の内容やそのポイントに関し、裁判所を交えて弁護人と検察官が意見交換し、争点判断のポイントが明確になっていくようなものにすることが重要である。

⑧　このような証明予定事実記載書と予定主張記載書面のやり取りやそれに伴う証拠請求が適宜繰り返されることもある。

⑨　このような過程を経る中で、争点判断のポイントを明確にし、公判審理
で取り調べる証拠を決定し、審理計画を確定させていく。

　　争点判断のポイントが明確になってくれば、検察官・弁護人の証拠調べ
請求やそれに対する証拠意見は適切なものになり、充実した審理計画が立
てられ、迅速な裁判の実現にもつながっていくのである。


## Ⅱ　争点整理の在り方

### 1　争点整理の目的

　公判前整理手続は、本章Ⅰ3で説明したとおり、的確な審理計画を立てて、
争点中心の充実した審理を集中的・連日的に行うために設けられた制度であ
る。

　特に、裁判員裁判においては、第1章Ⅲ1で説明したとおり、「裁判員に
とって分かりやすい公判審理」を行う必要があり、「公判中心の核心司法」
の実現、すなわち、それぞれの事件の争点判断のポイントについて、人証を
中心とした立証により心証を形成できる審理が求められる。

　このような公判前整理手続の目的からすると、審理において当事者が主張
立証を集中させ、評議の中心に据えられるべきものが何かという観点から、
争点整理をしなければならない。

　刑事裁判の目的は、検察官が公訴事実として特定した犯罪事実が取り調べ
た証拠によって認定できて有罪か否かと、訴因の同一性の範囲内で犯罪事実
が認定できて有罪の場合には、どのような量刑が相当かを判断することにあ
る。したがって、整理の対象となる争点は、これらの判断をするために必要
な事実に関する当事者間の争いである。

　そうすると、検察官・弁護人の公判前整理手続や審理における主張・立証
活動は、裁判所の事実認定や量刑判断を見据え、争点に関する証拠構造を踏

まえて行わなければならず、裁判所の訴訟運営も、同様の観点から判決を見据え、裁判員裁判においては、裁判員と共に行う評議をも見据えて行わなければならない。

　しかし、このことを実践することは容易でない。どのような証拠により何が立証できるのかは流動的であり、したがって、どのような主張が適切であり、どのような訴訟運営が妥当であるかも流動的にならざるを得ないからである。

## 2　争点整理の基本[8]

　重要な争点については、その判断のポイントが明確でないと、当事者は、審理においてそれぞれの主張立証をそのポイントに集中させることができず、裁判所としても、そのポイントを中心に据えて評議し、判決することができない事態になりかねない。したがって、公判前整理手続における争点整理では、重要な争点について判断のポイントを明確にすることが求められる。そのポイントは、証拠を検討している当事者双方の主張によってのみ明確にし得、当事者双方の主張をまとめることによってそのポイントを明確にした争点整理ができるのである。

　しかし、当事者任せにした双方の主張をまとめただけでは、適切な争点整理にならない場合もあり、「核心司法」にかなった争点整理を実現するために裁判所が当事者に求釈明[9]をする必要が生じることもある。「公判前整理手続は、受訴裁判所主宰の下、当事者双方が、公判においてする予定の主張を明らかにし、その証明に用いる証拠の取調べを請求することなどを通じて、争点を明らかにし、公判で取り調べるべき証拠を決定した上、その取調べの

---

8　争点整理の基本的な在り方については、拙著「核心司法にかなった争点整理における求釈明の在り方」『池田修先生前田雅英先生退職記念論文集これからの刑事司法の在り方』（弘文堂・2020。以下、この論文集を「これからの刑事司法の在り方」という。）336頁以下を参照されたい。

順序・方法を定め、公判期日を指定するなどして明確な審理計画を策定するものとされており、受訴裁判所がより積極的・主体的役割を果たすことが予定されている。」（司法研修所監修「刑事第一審公判手続の概要（平成21年版）」（法曹会・2009）25頁）のである。

　検察官は、弁護人の主張を踏まえて、証拠に基づき自らの主張の理由を明確に説明する必要がある。しかし、検察官がそのような主張をしてこなかったときやそのおそれがあるときは、裁判所は、どのような説明が必要かを指摘し、弁護人の主張と的確にかみ合った主張をするよう求めるべきである。その上で検察官の主張や説明に対する弁護人の反論を出してもらい、さらに、検察官と弁護人の主張がかみ合ったものになるよう促したり、公判での証拠調べの結果次第で訴因の変更が必要になる可能性がある場合には、検察官に対し訴因変更を検討するよう促したりすべきである[10]。

　証拠を把握していない裁判所にとって難しいのは、争点判断の分かれ目を明確にしていくための求釈明であるが、検察官と弁護人の主張がかみ合った

---

9　求釈明については、刑訴規則208条1項に「裁判長は、必要と認めるときは、訴訟関係人に対し、釈明を求め、又は立証を促すことができる。」などと定められているが、判例等では、裁判所に求釈明義務があるか否か、当事者に釈明義務があるか否かという問題として検討されることが多いためか、求釈明を積極的に行わない傾向も見受けられる。しかし、証拠を見ていない裁判所が的確な争点整理をしていくためには、検察官・弁護人に明確な主張をしてもらい、双方の主張がかみ合ったものにしなければならない。そのための裁判所の発問や促しも求釈明であるが、公判前整理手続を活性化させてその目的を達するためには、このような求釈明を積極的に行わなければならない事件も少なくない。

10　裁判員裁判の公判前整理手続において、訴因変更の必要性が明確になったにもかかわらず、検察官が訴因変更請求しなかった場合、公判審理開始後の訴因変更請求は、時機に遅れたものとして制限されることもある（東京高判平成20年11月18日高刑集61巻4号6頁参照）。裁判所としては、公判審理開始後に訴因変更請求を促さなければならない事態を招かないように、公判前整理手続において、争点判断のポイントを整理し、そのポイントについて当事者双方がどのような立証をしようとしているかを検討し、公判における証拠調べの結果によっては、訴因変更が必要になってくる可能性が相当程度ある場合には、検察官に予備的訴因の追加を検討させるべきである。

ものにする求釈明をしていくことにより、争点判断のポイントにとどまらず、その判断の分かれ目も明確になる争点整理ができ、分かりやすく充実した公判審理につながるものと思われる。

## 3　争点整理の要点

### (1)　公訴事実の検討

　公訴事実が審判対象であるから、公判前整理手続に付すかどうかにかかわらず、公判準備は、起訴状記載の公訴事実の検討から始めなければならない。

　公訴事実は、特定の犯罪の構成要件にあてはめて法律的に構成された具体的な事実を記載した検察官の主張である。したがって、検察官は、訴追する犯罪の構成要件に該当する事実を漏れなく記載しなければならず、弁護人は、そのような検察官の主張を争うのであれば、その記載を検討して、検察官が構成要件に該当する事実をどのようにとらえて訴追しているのか読み取り、どこにどのような問題があるのかを分析して主張しなければならない。裁判所も、検察官の主張内容を的確にとらえ、弁護人の主張内容から争点判断のポイントを把握し、公判審理を方向付けなければならない。

　公訴事実の検討が難しくない事件も多いが、公訴事実を的確に読み取るために、その記載の一言一句が構成要件との関係でどのような意味を持っているのかを分析しなければならない事件もある。そのような事件では、公訴事実を「だいだいこのような趣旨」と漠然ととらえただけでは、弁護人としては、争点判断のポイントをとらえた主張・立証ができず、裁判所としても、そのような審理・評議・判決はできない。

　このことについて、幼い息子を放置して殺したとされた事件を素材にした【設例１】を用いて説明する。

### 〈【設例１】の公訴事実〉

　令和５（2023）年10月１日付け起訴状記載の公訴事実の概要は、「被告人

は、当時の被告人方において、妻及び長男Ｖと 3 人で生活していたが、平成
26年秋頃、妻が家出をしたことから、Ｖと 2 人で暮らすようになり、 1 人で
Ｖの面倒を見ていたところ、平成28年秋頃から、仕事を続けながら被告人方
に戻ってＶの面倒を見るのが嫌になり、 2 、 3 日に 1 回くらいしか被告人方
に戻らなくなり、帰宅した際もＶに対して栄養不十分な食事しか与えなかっ
たことにより、遅くとも同年12月中旬頃までには、栄養不足からやせ細るな
どＶが相当衰弱し、医師による適切な診療を受けさせるなどしなければ、死
亡する可能性が高い状態になり、そのことを認識しながらあえて、その後も
適切な食事を与えず、医師の診療も受けさせないまま放置し、よって、平成
29年 1 月中旬頃、同所において、Ｖ（当時 5 歳）を栄養失調により死亡させ
て殺害した。」というものであった。

● ● ●

　公訴事実がこのようなものであった場合、弁護人や裁判所は、どのような
検討をすべきであろうか。この公訴事実を一読すれば、不真正不作為犯とし
ての殺人罪の訴因であることが分かるが、それだけの理解では、弁護人とし
て、開示された証拠を的確に検討することができず、被告人から聴取すべき
事項も定まらないように思われる。裁判所としては、争点整理を進める出発
点が定まらず、円滑な争点整理に支障を来すことになる。
　不真正不作為犯の成立については、作為として構成要件が定められている
犯罪であるにもかかわらず、その犯罪が不作為によって実現されたといえな
ければならず、その不作為と構成要件として定められている作為との同価値
性が要求され、不真正不作為犯の実行行為は、既に生じている危険から結果
が発生することを阻止しなかったという作為義務に反した不作為であるが、
その作為義務は構成要件として定められている作為と同視できる程度のもの
でなければならないと考えられている[11]。
　このことを踏まえて、【設例 1 】の公訴事実を見てみると、殺人の実行行

為である不作為については、「その後も適切な食事を与えず、医師の診療も受けさせないまま放置し」た行為とされていることが分かる。「その後」とは、「平成28年12月中旬頃」以降ということであるが、被害児Ｖが死亡した「平成29年１月中旬頃」までは約１か月間あるにもかかわらず、これだけの期間中の上記のような不作為がすべて殺人の実行行為になるといえるのであろうかという疑問が生じてくる。作為による殺人と同価値性のある作為義務が認められるためには、相当程度の結果回避可能性がなければならないとの見解に立つと、そのような結果回避可能性のあった最終時点の不作為がＶの死亡と因果関係のある実行行為であると考えられるが、捜査で収集した証拠では、その時点が約１か月間より限定して特定することができなかったということかもしれない。

　また、作為義務の内容もあいまいである。殺人の実行行為とされた不作為の内容からすると、検察官は「適切な食事を与え、医師の診療を受けさせる」作為義務があったと主張していると理解することができる。しかし、公訴事実には、「栄養不足からやせ細るなどＶが相当衰弱し、医師による適切な診療を受けさせるなどしなければ、死亡する可能性が高い状態にな」ったとも記載されており、「医師による適切な診療を受けさせる」ことを主たる作為義務としているようにも読める。この記載中の「など」の中に「適切な食事を与える」ことも含まれていると見ることもできるが、Ｖが死亡する約１か月前の時点で適切な食事を与えるようになっていれば、Ｖが死亡しなかったとすると、「死亡する可能性が高い状態になっていた」といえるかという疑問も生じてくる。

　このような作為義務が殺人罪の構成要件として定められている作為と同視できる程度のものといえるかどうかについて見ると、公訴事実中、「被告人方において、妻及び長男Ｖと３人で生活していたが、平成26年秋頃、妻が家

11　学説の状況については、「最高裁判所判例解説刑事篇平成17年度［藤井敏明］」（法曹会・2008）195頁参照。

出をしたことから、Ｖと2人で暮らすようになり、1人でＶの面倒を見ていた」との記載は、Ｖが死亡時5歳の幼児で自活能力がないことも踏まえると、被告人とＶが親子2人暮らしであることにより強い保護関係にあったことを表現したものといえる。また、「平成28年秋頃から……2、3日に1回くらいしか被告人方に戻らなくなり、帰宅した際もＶに対して栄養不十分な食事しか与えなかったことにより、遅くとも同年12月中旬頃までには、栄養不足からやせ細るなどＶが相当衰弱し、医師による適切な診療を受けさせるなどしなければ、死亡する可能性が高い状態になり」との記載は、生命の危険を生じさせた帰責性のある先行行為があったことを表現したものといえる。検察官としては、これらの事情から、被告人は、「適切な食事を与え、医師の診断を受けさせる」作為義務を負っていたもので、これに反する不作為は、作為による殺人と同視できるととらえたものと理解できる。しかし、Ｖがある程度知恵を働かせて行動できる年齢であり、「相当衰弱し」ていたため歩けなくなっていたなどとの記載もないことからすると、被告人が帰宅せず、空腹であれば、内鍵を開けるなどして近隣で食べ物を得ようとする行動に出てもおかしくないのに、どうして死亡するに至ったのかという疑問が生じる。仮に、窓や戸にガムテープを貼るなどしてＶが開けられないようにしていたため、Ｖがそのような行動をとることができなかったという事情があったのであれば、被告人はＶとの間に排他的な保護関係を作出していたことになり、このことも、殺人の作為と同視できる程度の「作為義務」を負う事情になるので、公訴事実に記載すべきことになる。

　故意については公訴事実の記載に不自然さがある。不真正不作為犯の故意は、構成要件として定められている作為と同視できる程度の作為義務を生じさせた前提事実、その作為義務に反する不作為、その不作為による結果発生の認識・認容が必要である。公訴事実では、「そのことを認識しながらあえて」という記載が殺人の故意を表現したものであり、「遅くとも平成28年12月中旬頃まで」の時点において、被告人が「栄養不足からやせ細るなどＶが

相当衰弱し、医師による適切な診療を受けさせるなどしなければ、死亡する可能性が高い状態」であることを認識していたという趣旨と理解できる。しかし、「死亡する可能性が高い状態」であると認識した事情としては、「栄養不足からやせ細るなどＶが相当衰弱」していたことを挙げているだけである。「相当衰弱」がどのような身体状態を表現したものなのか不明確であり、このことから直ちに「死亡する可能性が高い状態」であるとの評価的な認識ができたといえるのか疑問が生じてくる。しかも、実行行為の不作為では、「その後も適切な食事を与えず」とされており、不適切ながらも食事を与え続けていたことを含意していることからすると、「医師による適切な診療を受けさせるなどしなければ、死亡する可能性が高い状態」であることを認識してＶの死の結果を認容している者が約１か月間にわたりＶに対し不適切ながらも食事を与え続けたということになるが、不自然ではなかろうか。

　【設例１】の公訴事実を検討すると、以上のとおり、①実行行為である不作為の期間が殺人としては長すぎるのではないか、②作為義務の内容が定まっていないのではないか、③殺人の作為と同視できる程度の作為義務と認められる事情が十分に記載されているのか、④故意に関する記載には不自然さがあるのではないか、といった疑問点を指摘することができる。このような疑問点を解消しておくことは、公判前整理手続を円滑に進めるために必要なことであるから、弁護人としては、起訴後１週間くらいのうちに行われる最初の打合せにおいて、これらのうち争点整理をしていく上で解消しておくべき疑問点を指摘し、それに答える内容を盛り込んだ証明事実記載書を提出するよう検察官に求め、裁判所としては、弁護人からそのような求釈明要求が出されるかどうかにかかわらず、これらの疑問点に答える内容を盛り込んだ証明予定記載書を提出するよう検察官に求めるべきであろう。

(2)　目指すべき「争点整理の結果」

　本章Ⅰ３で説明したとおり、裁判員裁判では、裁判員にできるだけ負担をかけないようにするため、審理日数や審理時間をできるだけ短くしながらも

しっかりとした審理計画を立てて充実した公判審理を行わなければならない。

　裁判員にとって分かりやすい充実した公判審理を実現するためにも、審理日数や審理時間をできるだけ短くするためにも、しっかりとした審理計画を立てるためにも、公訴事実に争いがあり、その争点に関する判断が難しい事案においては、その争点判断の分かれ目が明確になることが望ましい。争点判断のポイントが絞られれば絞られるほど、証拠調べの範囲は狭まり、人証に対する尋問・質問もそのポイントに焦点を当てたものになるからである。

　裁判所は、争点と証拠の整理の結果を両当事者に確認して公判前整理手続を終了することになっており（刑訴法316-24）、争点整理の結果については、公判前整理手続期日調書に記載されるが、争点判断が難しい事案においては、公訴事実に記載された構成要件該当事実に争いがあるというまとめにとどまることなく、争点判断のポイントを示す内容にすべきであり、事案によっては、争点判断の分かれ目が明確になることが望ましい[12]。

　目指すべき「争点整理の結果」がどのようなものかについて、【設例1】を用いて説明する。

---

12　司法研修所刑事裁判教官室編集「プラクティス刑事裁判（平成30年版）」（法曹会・2019）では、争点整理の模範的な進行が示されている。これに対し、前掲「刑事第一審公判手続の概要（平成21年版）」の参考記録では、第2回公判前整理手続調書に「本件の争点」として「被告人と本件犯人の同一性」とのみ記載して争点整理がなされているが（参考記録16頁）、検察官の証明予定事実記載書（同12頁）と弁護人の予定主張記載書面（同14頁）からすると、本件犯行現場に付着していた血痕が本件犯人のものかどうかに争いがあり、このことが「被告人と本件犯人の同一性」の判断における最も重要なポイントであるから、そのことを明確にする争点整理をすべきであった。そのような争点整理の過程において、この点に関する証拠については、甲2ないし6号証に代わる証拠として甲26号証が同意されて証拠調べをしているので（同38頁）、その血痕の状態を見分した証人田村信夫の証言が重要であり、その証言内容と信用性が争点判断の分かれ目になり得るという認識を裁判所と両当事者が共有して審理に臨むことができるようにしたいところである。

〈【設例 1 】の「争点整理の結果」の記載〉

　【設例 1 】について、公判前整理手続が進められ、公判前整理手続期日調書に「争点整理の結果」として次のようにまとめられた。

「本件公訴事実について、保護責任者遺棄致死罪が成立する限度で争いはなく、争点は殺意の有無である。

（検察官の主張）

① 　被害児は、平成29年 1 月中旬頃に死亡した。

② 　被告人は、ある時期から被害児が死亡するまでの間、被害児に 2 〜 3 日に 1 回又は 1 週間に 1 回といった栄養不十分な食事しか与えなかった。

③ 　被害児は栄養不十分な食事しか与えられなくなって数日後以降、目に見えてやせていき、遅くとも平成28年12月中旬頃には、やせ細り、食事をうまく食べられないなどの異状が生じてきた。

④ 　異状が生じ始めた時期であれば、救命の可能性があった。

⑤ 　被告人は、上記のような被害児の状況、その原因が栄養不十分な食事しか与えていないからであることを認識していた。

　　これらの事情から、被告人は、人が死ぬ可能性の高い行為をそのように分かっていながら行ったもので、殺意がある。

（弁護人の主張）

　　検察官の主張は、時期、死因及び行為の内容が不特定であり、上記①ないし⑤について全面的に争う。ただし、食事の量が少なかった時期があることは認める。

　　被害児は病的なやせ方ではなかったし、被告人は被害児に不十分ながらも食事を与えていたので、被害児が死ぬとは思っておらず、殺意はなかった。」

●　　　　　　　　●　　　　　　　　●

　このような「争点整理の結果」では、争点判断のポイントが明らかでなく、

証拠調べの焦点が定まらないため、裁判員にとって分かりやすい充実した公判審理を実現できないように思われる。

　「争点整理の結果」がこのようなものになった原因は、弁護人が殺人の故意を争ったのに対し、殺人の故意が認められる理由として検察官が主張した内容とそれに対する弁護人の主張内容を併記してまとめたためである。争点は、本来、証拠を検討している検察官・弁護人の主張によって定まってくるものであるが、当事者双方の主張を併記すれば、争点を整理したことになるわけでない。

　【設例 1】の公訴事実では、死因が「栄養失調」とされているのに対し、弁護人は、死因が不特定であるとしており、死因が「栄養失調」であることを争うと主張している。死因が特定できなければ、被害児が死亡する可能性が高いと被告人が認識していなかったのに、被害児が死亡してしまったという疑いが出てきかねない上、通常は、司法解剖の結果により死因が特定されており、死因が争いになることはあまりないにもかかわらず、死因が争われているのであるから、検察官は、死因が「栄養失調」であるということをどのような証拠によりどのようにして立証しようとしているのかを主張しなければならない。検察官がそのような主張をしていない場合、裁判所は、そのような主張をするよう促す必要があった。

　また、公訴事実では、故意について、「遅くとも平成28年12月中旬頃まで」の時点において、被告人が「栄養不足からやせ細るなどVが相当衰弱し、医師による適切な診療を受けさせるなどしなければ、死亡する可能性が高い状態」であることを認識していたとされているところ、そのように認識した事情について、検察官は、「栄養不十分な食事しか与えられなくなって数日後以降、目に見えてやせていき、やせ細り、食事をうまく食べられないなどの異状が生じてきた」と主張している。これに対し、弁護人は、「病的なやせ方ではなく、不十分ながらも食事を与えていたので、被害児が死ぬとは思っていなかった」と主張しているのであるから、検察官は、「食事をうまく食

べられないなどの異状が生じてきた」ことをどのような証拠によりどのように
して立証しようとしているのかを主張しなければならない。裁判所として
も、被害児が被告人方に閉じ込められた状態であったとすると、被告人の供
述以外に、生前の被害児の状態に関する直接証拠はないと考えられるので、
検察官に対し「食事をうまく食べられないなどの異状が生じてきた」ことを
どのような証拠によりどのようにして立証しようとしているのかを主張する
よう促す必要があった。

　Vの死因や身体状態に関する弁護人の上記のような主張に対し、例えば、
検察官が「令和元年5月に白骨化した状態で発見された被害児の遺体の状態
から、被害児は、遅くとも死亡する1か月前までには、栄養不足による拘縮
（筋肉がエネルギー源として使われてやせ細り、関節の動きが制限された状
態）が始まっており、その時点の被害児の状態は、ほほがこけてげっそりす
るような相当やせた状態で、運動能力が非常に落ち、手指がこわばってほぼ
動かせない状態であったといえ、このことは、その遺体の写真を資料とした
法医学のA医師の鑑定意見によって立証する」と主張すれば、弁護人も反論
する必要に迫られ、「筋肉の残っていない被害児の骨の状態だけから、被害
児に拘縮があったと断定することはできないのであるから、A医師の鑑定意
見に依拠してVの死因や身体状態を認定することはできない。このことは、
被害児の遺体の司法解剖をした法医学のB医師の鑑定意見によって立証す
る」というような主張が出てくることになろう。このようにして検察官と弁
護人の主張がかみ合ってくれば、「本件の争点は、殺人の故意が認められる

---

13　「殺意」という言葉は、一般的には、死の結果を意欲している場合に用いられており、
　刑法上「殺人の故意」が認められる場合と異なった語感を持っているので、【設例1】
　のような事案では、裁判員に対し、「殺人の故意」が認められる場合について説明する
　ことになるが、公判審理において公判前整理手続の結果顕出として争点整理の結果を告
　げることになるので、「争点整理の結果」の記載においても「殺人の故意」と表現し、
　また、検察官に立証責任があることを明確にするため、「殺人の故意の有無」とはせず、
　「殺人の故意が認められるか否か」と表現していた。

か否かであり[13]、争点判断のポイントは、遅くとも平成28年12月中旬頃まで
に栄養不足による拘縮が始まっており、ほほがこけてげっそりするような相
当やせた状態で、運動能力が非常に落ち、手指がこわばってほぼ動かせない
状態であったかどうかである」と争点整理をすることができる[14]。

　さらに、争点判断のポイントは、A医師の鑑定意見の信用性にかかってお
り、B医師の鑑定意見を踏まえて判断していくことになり、ここに争点判断
の分かれ目がある。そのため、裁判員裁判では、分かりやすい審理の観点か
ら、両医師の鑑定意見が意見書等として書面になっていて、相手方の同意が
あったとしても、両医師の証人尋問を行うことになる。

　鑑定意見も証拠資料の一つにすぎないから、その証明力は裁判官・裁判員
の自由心証に委ねられており（刑訴法318、裁判員法62）、裁判所の判断は鑑
定意見に拘束されない（最決昭和33年2月11日刑集12巻2号168頁、最決平
成21年12月8日刑集63巻11号2829頁）。しかし、専門家の鑑定意見が証拠に
なっている場合、「鑑定人の公正さや能力に疑いが生じたり、鑑定の前提条
件に問題があったりするなど、これを採用し得ない合理的な事情が認められ
るのでない限り、その意見を十分に尊重して認定すべき」（最判平成20年4
月25日刑集62巻5号1559頁）である。鑑定意見は、裁判官・裁判員の知識経
験の不足を補充するために、特別な知識経験を持つ者だけが認識し得る法則
や事実を報告するものであり、裁判所がその判断結果自体の当否を審査する
ことはできないからである。

　A医師の鑑定意見に対しては、これを否定するB医師の鑑定意見があり、

---

14　【設例1】の「争点整理の結果」では、「保護責任者遺棄致死罪が成立する限度で争
　いはなく」としているが、A医師の鑑定意見に依拠して公訴事実が認定できない場合、
　Vの死因も「栄養失調」と認定できないことになろう。そうすると、争点整理の過程で、
　検察官と裁判所は、訴因変更することなく、縮小認定として保護責任者遺棄致死罪が認
　定できるか否かを検討する必要があったといえ、訴因変更を要すると判断した場合、検
　察官としては、予備的訴因を追加請求するか否かなどを検討しなければならず、裁判所
　としては、「争点整理の結果」を上記のようにまとめるのではなく、訴因変更請求をす
　るか否かを検討するよう検察官に促すことになる。

検察官に立証責任があるから、検察官は、Ａ医師の鑑定意見が信用でき、その信用性はＢ医師の鑑定意見によって損なわれないことを主張・立証しなければならない。他方、弁護人には、Ｂ医師の鑑定意見が信用できないとは言い切れず、Ａ医師の鑑定意見に依拠して事実を認定することはできないとの判断を導く主張・立証が求められる。

　上記のような鑑定意見の証拠資料としての特性からすると、検察官・弁護人としては、①両医師の公正さや能力に疑いがないか、②両鑑定意見の前提条件に問題がないかなど、それぞれの鑑定意見の信用性に影響を与える事情を検討し、上記のような判断がなされるような主張・立証をしなければならない。

　鑑定意見を出している専門家の公正さや能力に疑いがあるといえることは稀有であろう。対立する複数の鑑定意見が出されている場合、各専門家の専門性の内容や程度に違いがあり得るが、その評価は難しい。Ａが「小児の法医学を専門とする医師」であるとしても、Ｂが「法医学のベテラン医師」であれば、両医師の専門的な経験則について、このような専門性の内容だけで鑑定意見の信用性に違いがあるほどの有意差があると判断することはできないように思われる。法医学のように専門性が確立している領域の専門家であれば、他の専門家の意見を聞いて合理的だと考えれば、自らの意見を変更することが多いであろう。

　そうすると、対立する鑑定意見が出されている場合に最も着目すべき点は、それらの鑑定意見の前提条件に問題がないかということである。例えば、Ａ医師は、「骨の状態は、通常、生前の最後の状態を表しており、Ｖの遺体が非常に狭いところに押し込められていたというような特殊な状態になかったのであるから、死亡時の体勢がそのまま残ってしまったとは考えられず」との前提に立って、「Ｖの右手の関節が不自然に屈曲していること、足や足の指の関節も不自然に屈曲、背屈していること、これらのほかに肘や膝の関節にも屈曲があり、多関節に屈曲が生じていることから、Ｖには、拘縮が生じ

ていたと判断できる」としているのに対し、B医師は、「Vの骨の状態は、死亡時の姿勢に近いものであったといえるが、Vが部屋の中に長く閉じ込められて歩くなどしなかったため、筋肉が萎縮して死亡時の姿勢になりがちであった可能性、死亡時の姿勢がたまたまそのような骨の状態になるものであった可能性等がある」との前提に立って、「右手の関節の屈曲、足の指の反り返りや足の形状、多くの関節が曲がっていることから、拘縮があると判断することはできず、Vの骨の状態だけから、Vに拘縮があったと断定することはできない」としていたとすると、Vの遺体が発見されたとき多くの関節が曲がった骨の状態であったことから栄養不足による拘縮が生じていたといえるかどうかで両医師の判断が分かれており、その判断の違いは、「死亡時の体勢がそのまま残ってしまったとは考えられ」ないのか、「筋肉が萎縮して死亡時の姿勢になりがちであった可能性等がある」のかにあることが分かってくる。

　証拠調べによる立証が流動的なものであることからすると、ここまで争点判断のポイントを絞り込んで「争点整理の結果」をまとめる必要はないが、争点整理の過程で争点判断の分かれ目がこのように判明してくれば、検察官・弁護人は、その点に着目して証拠を検討するなどし、充実した公判審理の実現につながるものと思われる。例えば、このような観点から弁護人が開示された証拠を検討した結果、最初にVが死亡しているのを見たときの状況について、被告人が逮捕当初「うつぶせにうずくまるような状態で、Vの体は固まって硬くなっていたので、かわいそうに思い、横たわらせた」などと供述しており、警察官によって発見されたときのVの遺体の状態がその供述に符合するものであったことが分かれば、弁護人としては、A医師に十分な情報が提供されなかったため、A医師が誤った前提条件で鑑定意見を述べた可能性があることを指摘し、その主張に沿う証拠を請求することによって、A医師の鑑定意見の信用性を弾劾することができたということもあり得よう。

(3)　意見交換の重要性

　本章Ⅰ4で説明したとおり、現在の実務では、裁判所は、起訴から1週間くらいのうちに検察官・弁護人との打合せを行っているが、この打合せにおいて、争点整理に関する意見交換が充分に行われていない事件もある。

　検察官が証明予定事実記載書を作成、提出するに当たり、弁護人としては、公訴事実を争うか否かにかかわらず、検察官の立証構造を詳しく記載してほしい事項があるのではなかろうか。検察官としても、弁護人の要望を聴いた上で手持ち証拠を検討し証明予定事実記載書を作成することは、自らの立証計画を明確に整理できる効用がある。裁判所は、検察官・弁護人間でこのような意見交換がなされ、検察官がより充実した証明予定事実記載書を作成、提出してくれば、事件の全体像をより早く理解でき、公判前整理手続の円滑な進行が図れるのであるから、検察官・弁護人間でこのような意見交換がなされるよう促すべきである。

　本章Ⅱ3⑴で説明したとおり、【設例1】の公訴事実のような場合、弁護人や裁判所は、この打合せにおいて、公訴事実の疑問点に答える内容を盛り込んだ証明予定事実記載書を提出するよう検察官に求めるべきである。

　このようにして公訴事実の疑問点や弁護人の要望事項に答える証明予定事実記載書が提出されれば、弁護人は、最初の主張予定記載書面において、そのような証明予定事実記載書に対応した主張をすることになろう。

　本章Ⅰ4で指摘したとおり、弁護人の最初の主張予定記載書面が提出されると、公訴事実に関する争点の有無とその大枠が判明するので、検察官は、弁護人の主張を踏まえて、争点に関する立証構造を明らかにする証明予定事実記載書を追加提出し、手持ち証拠に基づき自らの主張の理由を明確に説明しなければならないが、弁護人の主張内容やそのポイントについて、裁判所を交えて検察官と弁護人が意見交換をし、どのような説明が求められているのかを明確にし、追加の証明予定事実記載書が弁護人の主張とかみ合ったものになるようにすることが重要である。同様の意見交換は、追加の証明予定事実記載書が提出され、弁護人がこれに対する追加の主張予定記載書面を提

出する前にも行うべきである。

　このような意見交換が適切に行われれば、追加の証明予定事実記載書や主張予定記載書面の提出が繰り返されるという事態は避けられるはずである。

　間接事実による推認で争点を立証しようとしている場合は、検察官は、証拠により認められるどのような事実が間接事実になり、その事実がどの程度の推認力があるのかを主張しなければならない。これに対して、弁護人は、検察官の主張する間接事実の認定を争うのか、その推認力を争うのかを区別して主張しなければならない。裁判所としては、このような観点から検察官・弁護人の主張がかみ合うようにしていくことが重要である。

　このような意見交換がなされて検察官・弁護人の主張がかみ合うと、例えば、旅客機に搭乗する際に預けたスーツケースに覚醒剤が隠匿されていたという態様の覚醒剤密輸入事件において、覚醒剤隠匿の知情性が争点になっている場合、検察官は、間接事実として、被告人が関税職員に対し不自然な言動を取っていたことを主張・立証しようとすることが多いが、検察官が主張する被告人の言動は、様々な心理による可能性があることから、間接事実としての推認力がないか、乏しいことを弁護人が具体的に主張することによって、検察官が他の間接事実を主要なものとして主張・立証しようとし、争点判断のポイントが定まり、その分かれ目が明らかになっていくのである。

　また、被告人の犯人性が争点となっているわいせつ目的略取、不同意性交等致死事件の公判前整理手続において、検察官が被告人の犯人性を推認させる間接事実として「被告人の自動車と形状等が一致する自動車が、被害者が略取された日時頃にその現場近くの道路を走行していた」と主張したのに対し、弁護人が「その事実自体は争わないが、被害者が略取された日時頃にその現場近くの道路を走行していた自動車が、被告人の自動車と形状等が一致しているといっても、同様に一致する自動車は、現場周辺の地域だけでも多数存在するので、被告人が被害者略取の日時頃にその現場近くの道路を自動車で走行していたとはいえず、被告人の犯人性を推認させる間接事実とはい

えない」と主張し、検察官が更に証拠を検討して弁護人の主張を否定できないと考えるに至れば、間接事実として前記事実を主張せず、その立証もやめるという経過をたどることにより、適切な争点と証拠の整理が実現できていくのである。

　争点整理で難しいのは、争点判断が被害者、共犯者等の供述の信用性判断に係っている場合である。公判審理においてその証言を聞けば、その信用性が判断できるわけではなく、その証言が合理的な疑いを入れない程度に信用できるといえるためには、客観的な補助事実[15]によってその信用性が支えられていなければならない。そのような観点から検察官が合理的で具体的な主張をすれば、弁護人は反論せざるを得なくなり、開示された証拠を更に検討し、反論を出してくることになろう。その反論が合理的なものであれば、検察官としては、更に証拠を検討して従前の主張の弱点を補ってくることになろう。検察官・弁護人の主張に不合理なところがあれば、裁判所としてはそのことを指摘して、当事者の再考を促すことになる。公判前整理手続では、このような実質的な意見交換が重要である。

⑷　考慮要素の指摘等にとどまる「争点整理の結果」

　刑事実体法の解釈として判断基準が明確になっていない評価的要件へのあてはめについては、事案に応じた考慮要素を分析し、考慮要素たる事実を総合してそれが要件になっている実質的な理由を充たしているかどうかという判断をしてあてはめが行われることになる。そのような評価的要件が争点になっている事案の場合、「争点整理の結果」として争点判断のポイントを示すことができず、争点判断の考慮要素を指摘するなどの内容にとどめざるを得ない。

---

15　川出敏裕ほか「裁判員裁判において公判準備に困難を来した事件に関する実証的研究（司法研究報告書第69輯第1号）」（法曹会・2018）8頁では、「間接事実的補助事実」と呼び、「直接証拠とは別の証拠に由来する事実で、直接証拠の信用性を左右するという意味では補助事実といえるが、それ自体、要証事実を推認する力を併有しているもの」と説明している。

　その典型的な例が正当防衛の成立要件である「急迫性」である。

　正当防衛の成否について、最決平成29年4月26日刑集71巻4号275頁は、「刑法36条は、急迫不正の侵害という緊急状況の下で公的機関による法的保護を求めることが期待できないときに、侵害を排除するための私人による対抗行為を例外的に許容したものである。したがって、行為者が侵害を予期した上で対抗行為に及んだ場合、侵害の急迫性の要件については、侵害を予期していたことから、直ちにこれが失われると解すべきでなく……、対抗行為に先行する事情を含めた行為全般の状況に照らして検討すべきである。具体的には、事案に応じ、行為者と相手方との従前の関係、予期された侵害の内容、侵害の予期の程度、侵害回避の容易性、侵害場所に出向く必要性、侵害場所にとどまる相当性、対抗行為の準備の状況（特に、凶器の準備の有無や準備した凶器の性状等）、実際の侵害行為の内容と予期された侵害との異同、行為者が侵害に臨んだ状況及びその際の意思内容等を考慮し、行為者がその機会を利用し積極的に相手方に対して加害行為をする意思で侵害に臨んだとき……など、前記のような刑法36条の趣旨に照らし許容されるものといえない場合には、侵害の急迫性の要件を充たさないものというべきである。」とした。

　したがって、この判例のような事案では、正当防衛の成立要件である「急迫性」の判断基準が明確になっていないといえ、その判断のポイントを明確にし、更にはその判断の分かれ目について意見交換することは困難であり、判断のポイントを詰めようとすると、事案にふさわしい争点整理にならず、検察官・弁護人をミスリードしてしまい、審理や評議が適切なものでなくなるおそれすらある。裁判官は、この判例を踏まえて、裁判員に対し「法治国家では、法秩序の侵害に対する救済は、本来公的機関の任務であるが、違法な侵害が急迫しているという『緊急状況の下で公的機関による法的保護が期待できないときに、侵害を排除するための私人による対抗行為を例外的に許容したもの』が正当防衛である」などと説明するとともに、当該事案に適し

た考慮要素を例示しながらそのような考慮要素たる事実を総合して正当防衛の成否が判断されていることを説明した上、裁判官と裁判員が、当該事案ではどのような考慮要素が重要か、その考慮要素についてどのような事実が認められるかを検討していき、最終的には検討した考慮要素に基づき「正当防衛を許容される状況ではなかった」と考えるかどうかについて評議をしていくことになろう[16]。

　このような評議を念頭に置くと、検察官は、どのような考慮要素を重視すべきか、その考慮要素についてどのような具体的事実が認められるか、その事実が「急迫性」の判断に関してどのような意味合いを持っているかを主張すべきであり、弁護人も同様の主張をすべきである。裁判所としては、必要に応じて、検察官・弁護人に対しこのような主張をするよう促し、当事者双方から考慮要素として主張された事実自体に争いがあるのか、その事実が考慮要素としてどのような意味合いがあるのかに争いがあるのかなどを明確にしていき、当事者双方の主張がかみ合うようにする争点整理をしていくべきである。

(5)　顕在化しにくい争点

　公判前整理手続において、本来争点として整理しておかなければならないにもかかわらず、争点として顕在化しないことがある。

　例えば、弁護人が心神耗弱を主張し、検察官がこれを認めているときは、責任能力は争点でないとの意識を当事者双方が持ってしまいがちである。しかし、検察官は、弁護人の主張にかかわらず、心神喪失の状態になかったことを立証する責任があり、心神喪失の状態になかったことを推認させる事実

---

16　正当防衛の成否が問題となる事案の評議の在り方については、島田一ほか「裁判員裁判と裁判官－裁判員との実質的な協働の実現をめざして－（司法研究報告書第70輯第1号）」（法曹会・2019。以下、「実質的協働に関する司法研究」という。）が詳しく検討しているが、争点判断の考慮要素を指摘するなどの内容にとどめざるを得ない事案として念頭に置いているのは、同書第3の7(4)（73頁以下）のような事案であり、このような事案に関する公判前整理手続の在り方については、同書脚注165も同趣旨と思われる。

を主張しなければならない。他方、弁護人も、少なくとも完全責任能力を認めるには合理的な疑いがあることを根拠付ける事実を主張し、その主張を裏付ける証拠が出されていなければならない。通常は、精神鑑定を行った医師の証人尋問等により、被告人が当該犯行当時心神耗弱の状態にあったことが立証されるとともに、心神喪失の状態ではなかったことと、完全責任能力を認めるには合理的な疑いがあることも立証されることになる。しかし、公判審理で取り調べた証拠により、裁判官・裁判員が検察官・弁護人と同様の判断に至るとは限らない。裁判所としては、検察官・弁護人の主張が説得的であり、裁判官・裁判員による評議を行って判決をするのに支障はないと見込まれれば、争点として整理する必要はないが、そのような見込みが立たないのであれば、責任能力も争点とし、検察官・弁護人にしっかりと主張させ、立証を尽くすよう促しておくべきである。

　また、被告人・弁護人が犯人性を争っている事件では、犯人性以外の公訴事実に関する検察官の主張・立証に問題があるにもかかわらず、弁護人が争う主張をしないため、その点が争点として整理されないまま公判前整理手続を終えてしまいがちである。例えば、殺人事件において被告人が犯人ではないと主張している場合、弁護人としては、検察官開示証拠から殺人の故意を推認することはできないと考えても、殺人の故意を争うと、被告人が犯人であることを前提とした予備的主張になると考え、犯人性のみを争い、殺人の故意を争わないのが通常であろう。しかし、弁護人は、「殺人の故意を争う」と主張して争点化しなくても、「なお、検察官の請求証拠によっては、本件犯人に殺人の故意があったと推認することはできないことを指摘しておく」というような表現で主張しておくべきではなかろうか。裁判所は、検察官の証明予定事実記載書を検討し、犯人性以外の公訴事実に関する検察官の主張・立証に問題があるかもしれないと思った場合は、検察官開示証拠を検討している弁護人に対して、犯人性以外の公訴事実に関する検察官の主張・立証に疑問点がないかなどと問いかけ、弁護人の意見も踏まえながら、検察官

に対して、立証構造を踏まえた主張をするよう促し、事実上の争点整理をし、公判審理において、その点の判断をするのに適した証拠調べが行われるようにしておく必要がある。

## Ⅲ　証拠整理の在り方

### 1　証拠整理の視点

　現在の実務では、検察官が最初の証明予定事実記載書を作成、提出する時点では、争点が明らかになっていないことが多いため、その内容は、検察官が当該事件の立証において重視している事実の概要になっており、その事実を証明するのに必要な証拠の取調べ請求がなされ、その後、検察官請求証拠に対する弁護人の証拠意見に応じて、当初の証拠調べ請求の多くを撤回し、撤回した書証の一部を取りまとめた捜査報告書（以下、「統合捜査報告書」という。）、追加の書証、不同意とされた書証に代わる証人等の取調べを請求するなどして、取り調べる証拠の範囲が定まっている。

　このような証拠整理は、争点整理と並行して行われているので、争点整理で公訴事実や量刑に関する争点と重要な争点に関する判断のポイントが明確になってくれば、検察官・弁護人は、それに対応した証拠の取調べ請求をし、証拠意見を述べ、裁判所は、当該事件の審理に必要な証拠の取調べ決定ができるはずであり、大方の事件では、適切な証拠整理ができているように思われる[17]。

　しかし、視覚証拠たる原証拠を取りまとめるなどした統合捜査報告書等に問題があった事件、供述調書による立証の問題点や被告人の取調録音録画の問題点に対する配慮が不足していた事件、公判前整理手続で証拠請求を不当に却下してしまった事件もあったので、これらの点について説明する。

## 2　視覚証拠

　捜査過程では、犯行現場の状況等の視覚情報である写真、図面等を用いた検証調書・実況見分調書、写真撮影報告書等が作成されるが、その時点では、その後の捜査状況に対応できるよう広範な検証・実況見分、写真撮影等が行われ、検証調書等には多数の写真等が添付されている。ところが、公判前整理手続において争点が定まり、重要な争点に関する判断のポイントが明確になってくると、捜査過程で作成された検証調書・実況見分調書、写真撮影報告書等の全体を取り調べる必要がないことが判明してくる。そこで、検察官は、弁護人の意見も踏まえて、そのような証拠から当該事件の審理において取り調べる必要があるものを絞って取りまとめた統合捜査報告書を作成して証拠請求し、原証拠の取調べ請求を撤回している。

　このような統合捜査報告書を作成する際に検察官・弁護人が留意しなければならないのは、自分たちが検証調書等の原証拠を見た上ですべての供述調書等を検討しているということである。供述調書等を読むとき、検証調書等を見た際に得た視覚情報を結び付けながらその供述内容を理解しているが、そのことをあまり意識していないため、検証調書等にある視覚情報を絞り込

---

**17**　最判平成21年10月16日刑集63巻8号937頁は、公判審理における裁判所の求釈明義務に関する判例ではあるが、「刑事裁判においては、関係者、取り分け被告人の権利保護を全うしつつ、事案の真相を解明することが求められているが、……刑事裁判の充実・迅速化を図るべく、公判前整理手続等（刑訴法316条の2ないし32）、連日的開廷の原則（同法281条の6）が法定され、刑訴規則にも、証拠の厳選（刑訴規則189条の2）が定められて、合理的期間内に充実した審理を終えることもこれまで以上に強く求められている。したがって、審理の在り方としては、合理的な期間内に充実した審理を行って事案の真相を解明することができるよう、具体的な事件ごとに、争点、その解決に必要な事実の認定、そのための証拠の採否を考える必要がある。そして、その際には、重複する証拠その他必要性の乏しい証拠の取調べを避けるべきことは当然であるが、当事者主義（当事者追行主義）を前提とする以上、当事者が争点とし、あるいは主張、立証しようとする内容を踏まえて、事案の真相の解明に必要な立証が的確になされるようにする必要がある。」と判示しており、公判前整理手続における証拠整理の在り方を考える指針にもなっている。

んでも支障がないと考えがちであるように思われる。検察官・弁護人として
は、裁判官・裁判員が取調べ予定の供述調書や証人尋問・被告人質問の供述
内容を聞いてスムーズに理解できるかという観点から、原証拠の視覚情報を
取捨選択すべきである。視覚情報の取調べは、供述証拠とは異なり、それほ
ど時間がかからず、裁判員の負担もあまりないので、ぎりぎりまで絞り込も
うとせず、ある程度広めに取りまとめるべきである[18]。

　実際に、統合捜査報告書で視覚情報を絞り過ぎたため、証人や被告人の供
述内容がスムーズに理解できず、証人や被告人に現場の状況等を言葉で表現
してもらうのに苦労したり、その供述内容を理解するために取調べ済みの統
合捜査報告書の写真をつぶさに見返さなければならなくなったことがあった。

　また、被告人と被害者が横倒しの状態でもみ合っていた際に刃物であご付
近を刺したという態様の殺人未遂事件で、裁判員が見ると精神的痛手を受け
そうな写真の取調べを避けるため、傷口の位置や形状を描写した絵が統合捜
査報告書に添付されていたが、その絵に描かれた傷口の位置や形状が不正確
であったため、被害者の供述とも、被告人の供述とも、傷口の位置や形状が
符合せず、困惑したことがあった。その事件では、その絵に描かれた傷口の
位置が不正確であるとうかがわれる写真が証拠になっていたため、傷口の位
置や形状について正確な証拠を取り調べて判決するに至った。

## 3　供述調書による立証と証人による立証の相違

　供述調書における供述の信用性判断は、裁判員の方々にとって、評価する
手がかりがなく、なかなか判断がつかないため、評議でも意見が出ない傾向
が顕著である。犯情だからといって供述調書によって立証しようとすると、

---

18　違法収集証拠排除法則の適用が主張されている事案においては、そのような主張がな
　されることを前提とした捜査が行われておらず、その主張の関係場所等の状況を明らか
　にする写真、図面等が検察官の手持ち証拠にないため、検察官がそのような証拠の取調
　べを請求しないこともある。

それほど重要でない犯情に関する事実認定で評議が進まなくなり、犯情に関する評議が滞るといった事態を招きかねない。

　これに対し、直接証言を聞いた場合、裁判員の方々は、供述の信用性判断にあまり戸惑うことなく、評議も活発に行われ、一致した認定事実に基づき評議を進めることができ、量刑評議も深まったものになる。また、各裁判員が疑問に思った点は直接証人に質問して解消できるので、裁判員の方々がそれぞれ様々な可能性を詮索して意見を述べて評議が滞る事態も避けられる。

　供述調書の供述は、供述者が明確に認識・記憶した事実として記載されていても、曖昧な認識・記憶しかしていないのに供述者が明確に認識・記憶しているかのような供述をしてしまったのではないか、曖昧な認識・記憶しかしていないとの供述が省かれてしまっているのではないか、あるいは明確な認識・記憶があるような表現で記載されてしまったのではないかというような疑問を持ってしまうことがある。そうすると、裁判員の方々は、その供述の信用性判断に戸惑い、評議において様々な可能性についてどのように考えるべきか疑問を投げかけ、評議が滞るのである。

　供述内容は、供述態度や表現といったものと一体となって、供述者が言おうとしていることが正確に伝わってくるものであるが、供述調書は、録取者が供述者から聞いたことをどのように理解したかによって記載内容が異なってくる。さらには、録取者の語彙と表現の仕方によって影響を受け、供述者の本来の供述とはニュアンスが異なってくる。

　評議の中で裁判員の方々は、供述調書が本来持っているこのような問題点を素朴な疑問として発言し、供述調書の信用性をどのように評価するか戸惑っているものと思われる。

　検察官・弁護人は、情状立証だから、供述調書の内容に争いがなければ、その供述者の証人尋問を行う必要はなく、同意書証としてその供述調書を取り調べれば足りると考えずに、評議において量刑のポイントを的確に判断するためには証人尋問をした方がよい場合も多いことを理解しておかなければ

ならない。

　実務では、このような問題があることが徐々に理解されてきており、その供述が量刑判断のポイントになる場合、検察官がその供述者の証人請求をすることが増えてきている。弁護人が、証人請求に消極的な検察官を動かすため、「供述調書の内容に争いはないが、情状として重要であるから不同意である」という意見を言うこともあった。

## 4　被告人の供述

　裁判員裁判では、第1章Ⅲ1で説明したとおり、「裁判員にとって分かりやすい公判審理」を目指し、「公判中心の核心司法」の実現が図られている。

　このことは、被告人の供述が証拠になる場面でも実現されている。検察官が被告人の供述調書の取調べ請求をし、被告人・弁護人が同意しても、裁判所はその請求の採否を留保し、被告人質問を先行させるようになっており、その結果、被告人の供述調書を取り調べる必要がなくなれば、検察官がその請求を撤回している。

　そのため、被告人の供述調書に関する証拠整理は、検察官の証拠請求と弁護人の証拠意見までにとどめ、その採否は、公判で被告人質問を実施した後に判断するものとして終えている。

　被告人の供述調書について任意性が争われた場合、検察官は、原則として、その供述調書を作成した取調べにおける被告人の供述とその状況を記録した記録媒体（以下、「取調録音録画」という。）の取調べを請求しなければならない（刑訴法301─2①）。信用性が争われた場合も、検察官がその立証のために取調録音録画を請求してくることがある。逮捕当初の取調べ等では自白したり、不利益事実の承認をしたりしていたが、その後、黙秘するようになるなどして、自白等を録取した供述調書を作成するに至っていない場合には、検察官が実質証拠として取調録音録画を請求してくることもある。

　このようなことから被告人の取調録音録画の取調べ請求があった場合の証

拠整理については、この証拠の問題点を理解していなければ、適切に行うことができない。

　被告人の取調録音録画については、①取調べが長時間にわたり、その間に供述が右往左往することがある上、そもそも言葉というものは一義的でないことがあり、また、供述内容が要領を得ないなど不明確なこともあるため、どの部分にどのような証拠価値があるのか把握するのが難しく、適切な心証を形成することが困難なものである上、②捜査官の質問の在り方に関するルールが確立されておらず、記憶と異なる発言や誤解されかねない表現等が誘発されかねないこともあり、また、弁護人の立会いがないため、記憶と異なる発言をしたり、誤解されかねない表現をしたりするなどしても、修正する機会が乏しいにもかかわらず、③被告人や取調官の表情や発言の様子等の映像から受ける良好な印象の影響を受けやすく、信用性の判断を誤りかねないという問題がある。

　そのため、例えば、知的能力がやや劣っている者の取調べにおいて、和気あいあいと会話を交わすことによって取調官に迎合する雰囲気が醸成されて暗示的な誘導により自白している場合、その状況が撮影されている取調録音録画によって、その自白の信用性は低いと評価するのか、和気あいあいと会話する中で自ら供述調書どおりの供述をしている様子から、その自白の信用性が高いと評価するのかは判断が分かれかねない。

　被告人の取調録音録画が実質証拠として証拠能力が認められるかどうかについては、肯定する見解と否定する見解が分かれており、裁判実務の判断は確定していないが、肯定する見解に立ったとしても、被告人の取調録音録画の取調べは、上記のとおり誤った事実認定をしかねない危険がある上、「公判中心の核心司法」という考え方に逆行する側面もあるため、その採否については、捜査段階の被告人の供述が事実認定のために必要不可欠なものかという観点から慎重に検討する必要があると考えられている[19]。任意性立証の証拠や信用性の補助証拠として請求された場合も、実際に審理で取り調べら

れると、裁判員にとって実質証拠との区別が困難であり、実質証拠として心証形成しかねない危険があるので[20]、実質証拠として請求された場合と同様に考えるべきであろう。

## 5 公判前整理手続における証拠調べ請求却下決定

証拠調べ請求の採否については、裁判所の合理的な裁量に委ねられているが、①手続違反の請求は却下でき（例えば、裁判所が証人尋問請求者に対し尋問事項書の提出を命じたのに、これに応じない場合（刑訴規則106②、107））、②証拠能力のない証拠の取調べ請求は、取調べをすることができな

---

19　東京高判平成28年8月10日判タ1429号132頁は、被告人が共犯者2名と自動車窃盗を共謀し、被告人か共犯者の1人が自動車を運転して現場から離れようとした際、これを発見して阻止しようとしたその自動車の所有者を死亡させたという事件で、捜査段階で黙秘を続けた被告人が、起訴後自ら申し出て検察官の取調べを受け、殺意を否認しつつ自らがその自動車を運転していたことを認める供述を行ったものの、公判では否認に転じ、自白は虚偽であったと供述した事案において、「原審検察官が、証明予定事実記載書及び冒頭陳述で、争点である被告人の犯人性を共犯者及び関係者の供述により立証すると主張している本件事案において、上記共犯者等の証人尋問を経た後に、上記争点につき立証する趣旨で原審検察官から実質証拠として請求された被告人の自白を内容とする本件記録媒体について、これを原裁判所が採用すべき法令上の義務は認められず、その自白の概要が被告人質問により明らかになっていること、争点については共犯者等の供述の信用性が決め手であること、本件記録媒体で再生される被告人の供述態度を見て供述の信用性を判断するのが容易とはいえないことを指摘して、取調べの必要性がないとして請求を却下した本件証拠決定には合理性があり、取調べ状況の録音録画記録媒体を実質証拠として用いることには慎重な検討が必要であることに照らしても、本件証拠決定が、証拠の採否における裁判所の合理的な裁量を逸脱したものとは認められ」ないとした。

20　東京高判平成30年8月3日東高時報69巻1〜12号56頁は、「取調べの録音録画記録媒体を信用性の補助証拠として採用した原審の手続に違法があるとはいえないが、原審裁判長が同記録媒体を任意性又は信用性の立証のみに用い、実体判断には用いないと宣言し、当事者双方がこれを了承するなどの手続経過によって採用された同記録媒体で再現された被告人の供述態度等から直接的に犯罪事実（被告人の犯人性）を認定した原判決に刑訴法317条違反があるとされた事例」であり、被告人の取調録音録画を信用性の補助証拠として取り調べても実質証拠として心証形成しかねない危険について詳しく判示しており、参照されたい。

いから却下することになり、③証拠調べが法律上禁止されている場合は、証
拠調べ決定ができず（刑訴法144、145等）、④関連性が明らかでない証拠は、
取り調べるべきでないから却下すべきである。

　また、関連性の乏しい証拠、既に取り調べた証拠と内容的に重複している
ものなどは、証拠調べの必要性がないとして請求を却下することができる。
さらに、「証拠調べの請求は、証明すべき事実の立証に必要な証拠を厳選し
て、これをしなければならない。」（刑訴規則189－2）とされている趣旨を
踏まえて、「証拠調べの必要性を厳格に吟味すべきである。」「その具体的事
件において請求された証拠の持つであろう証拠価値の程度が最も大きな考慮
要素となるが、ほかにも迅速裁判や訴訟経済の要請も考慮せざるを得ない。」
（池田修・前田雅英「刑事訴訟法講義（第7版）」（東京大学出版会・2022。
以下、「池田ほか・刑事訴訟法講義」という。）331頁）といえ、また、「すで
に取り調べた証拠によって形成した心証に照らし必要性を判断することもで
きる。」（松尾浩也ほか「条解刑事訴訟法（第5版）」（弘文堂・2022。以下、
「条解刑事訴訟法」という。）685頁）といえる。

　しかし、証拠調べを行っていない公判前整理手続においては、裁判所が当
事者双方の主張を踏まえて争点判断のポイントとその証拠構造を説明するな
どした上、検察官・弁護人が請求した証人尋問の必要性について請求当事者
に再検討するよう求めても、相応の理由を述べてその請求を維持した場合、
裁判所は、その証人尋問が必要ないと確定的に判断することができないので
あって、その証人尋問請求を却下してしまうと、合理的な裁量の範囲を逸脱
した違法な決定になりかねない。したがって、公判審理で予定されている証
拠調べにより証人尋問の必要性がなくなる可能性が高いと判断した場合でも、
確定的な判断ができないときは、裁判所は、その採否を留保し、証拠調べの
結果を踏まえて公判で採否を決定することにしておくべきである。証人を召
喚する必要があるときは、他の証拠調べの結果によっては採用決定を取り消
すこともあるとした上で、証人尋問決定をするということも考えられる。

## Ⅳ　証拠開示制度の意義と概要

### 1　証拠開示制度の意義

　公判前整理手続において争点と証拠の整理をする一環として証拠開示制度が創設された。

　その内容は、証拠開示に伴う弊害防止のために検察官が不開示等の措置を取れるようにするとともに、開示証拠の管理責任（刑訴法281－3）や開示証拠の目的外使用の禁止（同法281－4）等の規定が設けられ、さらに、証拠開示に関して当事者間に争いがある場合には裁判所が裁定するものとした上で（同法316－26）、判例に基づいて形成されてきた実務の運用よりもかなり拡充されたものになっている。

　このような証拠開示制度を創設したのは、公判前整理手続における争点と証拠の整理がその目的に適ったものになるようにするためである。

### 2　証拠開示制度の概要

#### (1)　検察官請求証拠の開示

　公判前整理手続における証拠開示は3段階になっている。

　検察官は、証明予定事実の立証に用いる証拠の取調べを請求しなければならないが（刑訴法316－13②）、その証拠を請求後速やかに開示しなければならない（同法316－14①）。

　公判前整理手続導入前から、検察官は、公訴提起後なるべく速やかに取調べ請求予定の証拠を開示しなければならないと定められており（刑訴法299①、刑訴規則178－6①Ⅰ）、検察官請求証拠の開示の範囲はこれと同一であるが、証明予定事実記載書が被告人・弁護人に送付され（刑訴法316－13①）、その書面には、「事実とこれを証明するために用いる主要な証拠との関係を具体的に明示すること」などが求められているから（刑訴規則217－21）、こ

の証拠開示は、証明予定事実記載書と相まって検察官の主張立証の全体像を明らかにするものといえる。

　これが第1段階の証拠開示である。

(2)　類型証拠の開示

　第2段階は、類型証拠の開示であるが、検察官は、被告人・弁護人の請求により、検察官保管証拠の一覧表を交付しなければならないとされており（刑訴法316−14②）、類型証拠の開示請求に先立ってこの一覧表の請求・交付が行われている。

　被告人・弁護人は、類型証拠の開示請求ができ、検察官は、次の要件に該当する証拠を開示しなければならず（刑訴法316−15①）、開示しない場合には、その理由を告げなければならない（刑訴規則217−26）。

①　刑訴法316条の15第1項各号所定の類型に該当する証拠であること

　　1号から4号までは客観的証拠、5号から7号までは供述調書等、8号は被告人の取調べ状況に関するものである。

②　特定の検察官請求証拠の証明力を判断するために重要であること

　　この要件の中核的な要素は、特定の検察官請求証拠や当該証拠によって検察官が証明しようとする事実と食い違い、矛盾し、あるいは両立しない可能性の存在である。

③　重要性の程度その他の被告人の防御の準備のために開示をすることの必要性の程度と開示によって生じるおそれのある弊害の内容及び程度を比較衡量して、開示が相当であること

(3)　主張関連証拠の開示

　第3段階が主張関連証拠の開示である。

　争点と証拠の整理や被告人の防御の準備が更に深められるようにするため、被告人・弁護人は、予定主張を明示した後、主張関連証拠の開示請求ができ、検察官は、①予定主張に関連しており、②関連性の程度その他の被告人の防御のために開示をすることの必要性の程度と開示によって生じるおそれのあ

る弊害の内容・程度を考慮し、開示が相当である場合には、証拠を開示しなければならず（刑訴法316-20①）、開示しない場合には、その理由を告げなければならない（刑訴規則217-26）。

　この証拠開示の趣旨からすると、被告人側の予定主張が抽象的なものにとどまり、刑訴法316条の17の主張明示義務に違反している場合、検察官はこの開示義務を負わない。

## 3　証拠開示の在り方

　できるだけ全面開示に近づけるため、請求理由が付けられる限り広範な証拠開示請求をしている弁護人もいるが、検察官保管証拠の一覧表を踏まえて、それぞれの事件に応じて必要性のある合理的な範囲内で証拠開示請求をすべきであり、探索的な証拠開示請求はしないと考えている弁護人も多く、合理的な公判前整理手続を円滑に進める考え方と思われる。

　検察官の証拠開示については、本章Ⅰ4で説明したとおり、請求証拠の開示と一緒に「典型的な」類型証拠の開示もするという運用が定着している。裁判所としては、検察官が弁護人に対しどのような範囲の類型証拠が請求証拠と一緒に開示されているのか十分に把握できないので、このような運用について、検察官に確認したり、促したりする際、「典型的な」類型証拠と表現している。検察官としては、請求証拠の証明力を判断する過程で検討した手持ち証拠は、弁護人から開示請求されると見込まれるので、弁護人から請求があれば開示を拒むことができないものは、類型証拠に限らず主張関連証拠も含めて、積極的に早期に開示するという運用が定着し、弁護人が類型証拠開示請求や主張関連証拠開示請求をするのは、例外的な事件に限定されてくることが望ましいように思われる。

# V　審理計画の立て方

## 1　証拠の取調べ順序

　証拠の取調べ順序を定めることも証拠整理の一部であるが、本章Ⅲ1で説明したとおり、証拠整理は、争点整理と並行して、取り調べる証拠の範囲を定めることに重点があり、必要があれば、取り調べることになった証拠について、取調べ方法を定めた上、具体的な審理計画を立てる際に証拠の取調べ順序を定めている。証拠の取調べ順序については、検察官・弁護人間で意見が食い違うことがほとんどないため、具体的な審理計画を立てる中で定めているのである。

　裁判所は、具体的な審理計画を立てるに当たり、裁判員が証拠内容を把握しやすいとの観点から、取調べ決定をした証拠の立証趣旨等に基づいて、関連する証拠をグループに分け、グループごとの順序とグループ内の順序を考えることになる。実際には、取り調べる証拠を検討している当事者双方の意見を聴かなければ確定できず、取り調べる証拠の大半は立証責任を負っている検察官請求のものなので、検察官請求証拠の取調べ順序に関する意見と各証拠の取調べに要する見込み時間を検察官から出してもらい、検察官・弁護人と意見交換しながら証拠の取調べ順序を定め、具体的な審理計画を確定させている。

　裁判員裁判の施行当初は、意識せずに従前の実務の運用を踏襲し、書証と物証をまとめて取り調べてしまった上で人証の取調べをしていたが、裁判員が証拠内容を把握しやすいようにするという観点から、特定の人証と関連性がある書証や物証については、その人証の取調べの直前に取り調べることとし、証拠の取調べ順序を定めるようになった。

## 2 連続的開廷

　開廷期間や開廷日数については、裁判員裁判の施行当初、裁判員の方々の負担を考慮し、できるだけ短期間に少ない日数で審理、評議、判決宣告をすべきであると考え、裁判員選任期日を午前中に行い、その日の午後から審理を始め、連日開廷し、審理終結後直ちに評議に入り、評議を終えた翌日には判決を宣告するという計画を立て（刑訴法281−6①）、公判期日の指定等をしていた。

　しかし、裁判員裁判が始まり、裁判員の方々から意見や感想を聞いてみると、できるだけ短期間に少ない日数で審理、評議、判決宣告をしてほしいという意見もあったが、事情は人それぞれであり、週1日は職場に出たいという方、家族の介護があるため1日置きにしてほしかったという方等、様々な意見があった。感想として多かったのは、「慣れない法廷での審理に立ち会うのは、かなり緊張してストレスになるので、週5日の審理はやめてほしい」との声であった。このような意見や感想を踏まえると、週5日の連日開廷は避け、週4日開廷する場合も、途中で1日非開廷日を入れるなどした方が、裁判員として参加しやすく、相対的には負担も少なくなると思われる[21]。

　また、午前中に裁判員選任期日を入れて午後から公判審理を始めるという進行方法についても、裁判員の方々に負担をかけるものであることがわかった。裁判員選任期日で裁判員に選任されるまでは裁判員に選任されるかどうか不確定なため、職場の同僚等に仕事を引き継ぐ具体的な説明までしていなかったり、家族の介護や子どもの世話について具体的な手配に至っていなか

---

[21]　刑訴法281条の6第1項は、「裁判所は、審理に2日以上を要する事件については、できる限り、連日開廷し、継続して審理を行わなければならない。」と定めているが、非開廷日を挟めた公判期日の指定も、この規定の趣旨に反するものでない。池田修ほか「解説裁判員法（第3版）」（弘文堂・2016）158頁以下でも、「裁判員の負担という観点から考えると、審理に要すると見込まれる日数が数日程度までの事件であれば、連続して開廷する方がよいであろうが、それ以上の日数を要する例外的な事件の場合は、毎週3～4間の連続的開廷を繰り返すというような方法なども考慮する必要がある。」としている。

ったりして、裁判員に選任されてから休憩時間に慌てて連絡を取っている方が多く、その日の夕方、職場に行って仕事の引継ぎをしていた方も少なくなかった。また、1日目の審理を終えた後の感想として多かったのは、「裁判員に選任されてすぐに法廷で審理が始まったので、心の準備が追いつかず、緊張してしまい、法廷で当事者が言っている内容が頭に入ってこなかった。心の準備をして審理に臨むため、審理は翌日からにしてほしかった」という声であった。このような声を受けて、裁判員選任期日の翌日から公判審理を行うようになり、現在では、裁判員選任期日の2〜3日後から公判審理を行うこともある。

## 3 公判期日ごとの審理予定

公判期日ごとの審理時間については、午前10時開廷、午後0時休廷、午後1時30分再開、午後4時ないし午後4時30分閉廷という大枠に制約されている。

裁判員の方々には、審理が始まる前に、審理計画の概要を伝えており、午後5時までには裁判員としての職務から解放されると知り、それを前提として職場や家庭での予定を入れている方もおり、審理が長引いてしまったとき、閉廷後慌てて帰っていかれた方もいた。また、審理中に新たな争点が出てきてしまい、審理計画を変更せざるを得なくなったため、評議予定の時間帯を審理に当て、午後5時以降に評議を行えないか検討した際、やはり午後5時以降は都合が悪いと言われたことがあった。

このように公判期日ごとの審理時間は制約されていてあまり柔軟性がないことを踏まえ、休廷回数を多くし、休廷時間を長くして、余裕を持たせた審理予定にしておくべきであろう。

公判審理は、流動的な面があり、審理中に新たな争点が出てきたり、証人が出頭や宣誓を拒否したりして、審理計画どおりに進行できなくなることもある。そのような事態になったとき、無理やり指定済みの公判期日で審理を

終わらせようとするのは本末転倒であり、充実した公判審理のために必要であれば、期日間整理手続に付し、裁判員の選任手続を再度行うなどして、公判審理を行うべきである。しかし、公判期日ごとの審理予定に余裕を持たせ、評議時間にも余裕を持たせていたため、審理計画どおりに進行できない事態が生じたが、無理なく公判審理を終えて判決宣告に至ったこともあった。

---

### コラム1

## ～ 公訴事実の検討 ～

　検察官は、捜査によって収集した証拠に基づいて、どのような犯罪の構成要件に該当する事実が立証できるのかを検討し、その検討結果を踏まえて公訴事実を記載しており、公訴事実の記載自体に問題があることはまれではあるが、それでも、公訴事実の記載自体に問題があることもあり、検察官は、公判準備の過程で再度公訴事実の記載に問題がないか検討すべきであり、弁護人も、公判準備の出発点として公訴事実の記載をしっかり読んで問題がないか検討すべきであり、裁判所も、起訴状の写しを受け取ったら速やかに公訴事実の記載に問題がないか検討すべきである。

　公訴事実で問題が多いのは、①自動車運転過失傷害等の過失犯、②詐欺、③特別法犯である。

　自動車運転過失傷害の公訴事実については、例えば「交差点を左折進行するに当たり、適切な合図をし、左後方から進行してくる車両の有無を確認すべき注意義務があるのにこれを怠り、適切な合図をせず、左後方から進行してくる車両の有無の確認不十分のまま時速約5㎞で左折進行した過失により、左後方から進行してきたA運転のバイクに自車左側面部を衝突させた」というように、注意義務が複数記載されていて、複数の過失行為が重畳的に行われたと主張しているのか、選択的に主張しているのかあいまいなことがある。また、注意義務の記載と過失行為の記載が対応していないこともある。

　詐欺の公訴事実についても、欺罔行為として記載されている内容と被害者

が錯誤に陥った内容が食い違っていたり、そもそもその記載が欠落していたりしていることがある。

　特別法犯については、構成要件の検討が不十分で、記載が漏れていることがあり、公訴事実どおりの事実が認定できても、犯罪が成立しないことがある。

　実務で公訴事実の記載に問題があった事例を紹介する。

### ① 特別法犯の構成要件の確認を怠った事例

　この事例は、公訴事実が争われることなく第１審で有罪判決が言い渡され、量刑不当を理由に控訴された事件である。

　第１審判決が認定した犯罪事実の要旨は、「被告人は、正当な理由による場合でないのに、（年月日省略）未明に、（住所省略）住宅敷地内において、特殊解錠用具であるサムターン回し２本を所持するとともに、指定侵入工具である先端部が平らで幅約0.6センチメートル、長さ約22.8センチメートルのドライバー１本を手提げバッグ内に隠して携帯した」というもので、特殊開錠用具所持の点は、特殊開錠用具の所持の禁止等に関する法律16条、３条に該当する犯罪事実として認定されており、公訴事実も同様のものであった。

　しかし、同法３条で所持が禁止されている「特殊開錠用具」については、「建物の出入口の戸の施錠の用に供する目的で製作される錠」（同法２Ⅰ）である「建物錠を開くことに用いられるものとして政令で定めるもの」（同Ⅱ）と限定されており、この法条に基づいて定められた同法施行令１条４号で「サムターン回し」が特殊開錠用具の一つとされた上、「サムターン回し」とは「建物錠が設けられている戸の外側から挿入して当該建物錠のサムターン（かんぬきの開閉を行うためのつまみ）を回転させるための器具」と定められている。

　ところが、第１審で取り調べられた証拠では、サムターン回しと認定された針金２本のうちの１本については、自動車のドアロックを開錠する機能を有することしか認定できず、他の１本については、自動車のドアロックを開錠する機能とつまみを上下にスライドさせてかんぬきの開閉を行う建物錠を開ける機能を有することしか認定できず、これらの針金は特殊開錠用具とし

て定められた「サムターン回し」に該当するとは認められなかった。

　被告人は、本件犯行当時、針金を３本所持していたところ、検察官は、自動車のドアロックを開錠できた針金２本のみを特殊開錠用具に該当するとして起訴し、前記のような立証をしていることからすると、前記法令に当たって特殊開錠用具所持罪の構成要件を確認しなかったのではないかと疑われる。また、検察官が前記のような立証しかしていないのに、犯罪事実を争わなかった弁護人も、前記犯罪事実を認定した裁判所も、同様に構成要件の確認を怠ったものと思われる。

### ②　構成要件に該当する事実の記載になっていなかった事例

　この事例は、「罪名及び罰条」が「業務上横領　刑法253条」とされた公訴事実について、不法領得に意思がないなどとして業務上横領罪の成立が争われたが、第１審では業務上横領罪の成立を認める判決が言い渡されたため、事実誤認を理由に控訴された事件である。

　第１審判決が認定した犯罪事実の要旨は、「被告人は、A県内水面漁業協同組合連合会（以下「A漁連」という）が運営する鮎種苗センターB本場の場長として、B本場及びC分場を統合し、稚鮎等の飼育、管理、出荷、売却等の業務に従事していたものであるが、平成25年３月４日及び同年４月８日、２回にわたり、D社に対し、A漁連のためにC分場において業務上預かり保管中の稚鮎約550キログラム（時価合計338万4500円相当）を出荷して売却し、同年５月７日、自己の用途に費消する目的で、D社代表取締役Eをして、D社名義の当座預金口座から被告人名義の普通預金口座に前記稚鮎代金として合計112万7750円を振り込ませ、もって、これを着服して横領したものである。」というもので、公訴事実も同様のものであった。

　D社名義の預金は、被告人が占有する他人の物とはいえず、その預金口座から被告人名義の預金口座に振込入金させても、横領罪にならない。また、被告人がA漁連のために保管していた稚鮎を売却したとしているが、そのときに不法領得の意思があったとはされていないから、稚鮎を横領したことを訴因としているとも理解できない。

　この事例では、検察官としては、①稚鮎の売却横領の訴因に変更するか、

②被告人名義の預金口座に稚鮎代金を振り込ませたという背任の訴因に変更することが考えられる。

　そのいずれかによって争点が異なり、審理のポイントも変わってくる。

　被告人は、「知り合いの漁師から預かっていた稚鮎をＤ社に売ることにし、その稚鮎をＤ社に引き渡すよう部下に指示したのに、部下が誤ってＡ漁連の稚鮎を引き渡してしまった。Ｄ社がすぐにその漁師に稚鮎代金を支払えず、自分が立て替えてその代金を支払っていたため、自分名義の預金口座に振り込ませた」と供述していた。

　そうすると、①の訴因では、稚鮎をＤ社に引き渡した時点で、Ａ漁連の稚鮎を売却してその代金を自己のものにするつもりが被告人にあったと認められるかどうかが争点になる。②の訴因では、被告人名義の預金口座に稚鮎代金を振り込ませた時点で、Ｄ社に引き渡した稚鮎がＡ漁連のもので、その稚鮎代金はＡ漁連に支払われるべきものであるとの認識が被告人にあったと認められるかどうかが争点になる。

　当初の訴因では、稚鮎をＤ社に引き渡した時点で、「Ａ漁連の稚鮎を売却してその代金を自己のものにするつもり」が被告人にあったと記載されていないから、当然、この点に焦点を当てた証人尋問や被告人質問がなされていなかった。

　裁判所だけでなく、検察官や弁護人も、何が争点なのか、争点判断のポイントは何かということを意識して審理に臨んでいれば、業務上横領の訴因になっていないことに気づけたのではなかろうか。

### ③　公訴事実の記載内容に矛盾があった事例

　この事例は、第１審で担当した自動車運転過失傷害事件である。

　その公訴事実の要旨は、「被告人は、平成22年3月9日午前2時ころ、普通乗用自動車を運転し、Ｍ県Ｎ市内の信号機により交通整理が行われている交差点のＡ方面入口停止線の手前で信号待ちのため停止した後、信号表示に従って発進し、Ｂ方面に向かい同交差点を直進するに当たり、同交差点の直進方向であるＢ側出口先の対向右折車線で信号待ちのため停止しているＶ車を前方約42.5メートルの地点に認めたのであるが、同交差点は自車の信号待

ちの位置のほぼ正面にＢ方面出口先の対向右折車線及び同交差点内における
右左折の方法を指定する道路標示がそれぞれ位置しているため、自車が正面
に向かって直進すると同道路標示に従って右折待ちをするＶ車と衝突する危
険が予測し得たから、Ｖ車の動静を注視し、進路を適宜調整してＶ車との間
に安全な側方間隔を確保して進行すべき自動車運転上の注意義務があるのに
これを怠り、Ｖ車の動静を注視せず、Ｖ車との間に安全な側方間隔を保持せ
ず、その安全確認不十分のまま漫然時速約30キロメートルで同交差点内を正
面に向かって直進進行した過失により、折から、同道路標示に従って右折待
ちのため停止中のＶ車右前部に自車右側面部を衝突させ、よって、Ｖに全治
約24日間を要する頸椎捻挫の傷害を負わせた」というものであった。

　要するに、被告人車が進行してきた道路とＶ車が進行してきた道路は、直
進方向といっても、進行方向左に１車線分程度ずれていて、被告人車がこの
交差点を直進するためには、交差点内でいったん左に進路を変えて通過する
必要があるのに、交差点内で右折待ちのため停止していたＶ車に衝突するよ
うな進路で走行して衝突事故を起こしたというのである。

　しかし、被告人車が交差点内でいったん左に進路を変えて通過したとはい
え、前進している被告人車が停止しているＶ車と衝突した場合、被告人車の
前部がＶ車に衝突するはずであるのに、前記公訴事実では、被告人車の右側
面部がＶ車の右前部に衝突したことになっており、公訴事実の記載に矛盾が
ある。

　検察官が公判準備の過程で公訴事実にこのような問題があることに気づけ
ば、速やかに手持ち証拠を検討するなどして訴因変更等の準備に取り掛かれ
る。弁護人が気づけば、このような問題があることを踏まえた弁護方針が早
期に立てられる。裁判所が気づけば、両当事者との打合せを早期に入れ、公
訴事実にこのような問題があることを説明し、検察官には直ちに対応を検討
するよう促し、弁護人にも検察官の対応に応じて弁護方針を立てるよう促す
ことができる。このような問題があることに気づかないまま公判審理に入る
と、当事者双方の主張がかみ合わないまま無駄な審理経過をたどりかねない
のである。

# 第3章

公判審理の実務

# I　公判審理の視点

## 1　非裁判員裁判との相違

　刑事裁判の目的は、第2章II1で説明したとおり、検察官が公訴事実として特定した犯罪事実が取り調べた証拠によって認定できて有罪か否かと、訴因の同一性の範囲内で犯罪事実が認定できて有罪の場合には、どのような量刑が相当かを判断することにある。このことは、裁判員裁判と非裁判員裁判で相違はなく、公判手続の基本的な流れと枠組みについても、第2章I2(1)で説明したとおりであって、違いはない。

　裁判員裁判では、裁判員にできるだけ負担をかけないようにするため、審理期間、審理日数、審理時間をできるだけ短くした上、しっかりとした審理計画を立てて、充実した公判審理を行う必要があり、そのような公判審理を実現するため、裁判員裁判の対象事件については必ず公判前整理手続に付さなければならないとされている（裁判員法49）。裁判員裁判非対象事件であっても、公判前整理手続に付すことができるが（刑訴法316-2①）、裁判員裁判では、国民が裁判員として参加しやすく、求められている判断がしやすい公判審理を実現しなければならない。非裁判員裁判の公判審理との相違は、ここから生じるのであり、裁判員裁判の公判前整理手続では、裁判員にできるだけ時間的負担をかけないようにしつつ、裁判員が求められている判断をしやすい公判審理を目指して、争点と証拠を整理して審理計画を策定しなければならないのである。

## 2　裁判員の実質的参加を実現する公判審理

　第1章I3で説明した裁判員制度導入の目的を達成するためには、裁判員の刑事裁判への参加が実質的なものになっていなければならず、その実現の土台は、公判審理にある。このことから、裁判員裁判の公判審理は、裁判員

が求められている判断をしやすいものであることが求められるのであり、具体的には、何についてどのようにして判断すべきかが明確になっていることが重要である。そのために、公判前整理手続の争点整理では、争点とその争点判断のポイントを明確にしなければならず、証拠整理では、争点判断のポイントについて、人証を中心とした立証により心証を形成できるようにすることが要請されるが、争点以外の犯罪事実や量刑に関する事実についても、証拠内容が把握しやすくて心証が取りやすい証拠の取調べが求められるのである。

## Ⅱ　冒頭陳述の在り方

### 1　冒頭陳述の機能

　公判前整理手続を経なければならない裁判員裁判においても、検察官の冒頭陳述は、「証拠により証明すべき事実」を具体的に明らかにするためものである（刑訴法296本）。また、被告人・弁護人も、「証拠により証明すべき事実その他の事実上及び法律上の主張があるときは、」冒頭陳述を行わなければならず、裁判員裁判では、弁護人も冒頭陳述を行っている（同法316－30）。

　公判前整理手続における検察官の証明予定事実は、「公判期日において証拠により証明しようとする事実」であり（同法316－13①）、弁護人の予定主張も、「証明予定事実その他の公判期日においてすることを予定している事実上及び法律上の主張」であるから（同法316－17①）、これらの内容と冒頭陳述の内容は、基本的に同一になるはずであるが、裁判員裁判における冒頭陳述については、「公判前整理手続における争点及び証拠の整理の結果」を踏まえた内容にしなければならず、また、公判審理が裁判員にとって分かりやすいものになるよう「証拠との関係を具体的に明示しなければならない」

とされており（裁判員法55。前掲「刑事第一審公判手続の概要」52頁参照）、
当事者双方の冒頭陳述の主眼は、争点整理の結果を踏まえた立証のポイント
を示し、裁判員に対し、取り調べられる証拠を見聞きする視点を提供すると
ころにある。

## 2　検察官の冒頭陳述

　検察官が公判審理において「証拠により証明すべき事実」は、公訴事実と
して特定した犯罪事実と量刑要素となる事実であり、弁護人が違法性阻却事
由等を主張している場合には、その成立要件要素たる事実の不存在であるか
ら、検察官が冒頭陳述で具体的に明らかにすべき事実もこれらに関する事実
である。

　公訴事実に争いがあったり、違法性阻却事由等の成否が争点になったりし
ている事件では、第2章Ⅱ3(3)(4)で説明したとおり、検察官は、公判前整理
手続において、その争点に関する自らの立証構造を検討し、間接事実により
立証しようとする場合は、どのような事実が間接事実になり、その事実がど
の程度の推認力があるのかを主張し、また、その争点判断が被害者、共犯者
等の供述の信用性判断にかかっている場合には、どのような客観的な補助事
実によってその供述の信用性が支えられているかを主張し、事案によっては、
その争点判断の考慮要素たる事実とその立証方法を主張することになる。

　裁判所の量刑判断については、第1章Ⅱ3で説明したとおり、行為責任の
原則に基づいて、量刑要素となる事実を明確にとらえるようになっており、
検察官も、公判前整理手続において、行為責任の原則を踏まえて主張しなけ
ればならない。

　検察官が公訴事実として特定した犯罪事実は、社会で起きた事実の中から
特定の構成要件に該当する事実を抜き出したものであるから、それを具体的
に明らかにするには、社会的事実に還元して述べることになる。しかも、争
点判断にとって重要な事実を断片的に述べられても、まだ証拠を見聞きして

いない裁判官や裁判員にとって、公訴事実が抜き出された社会的事実をイメージできず、理解しづらいものになってしまうので、検察官としては、裁判官や裁判員が社会的事実としてどのような流れでどのようなことが起こったのかイメージできるように、社会的事実をストーリーとして述べることが求められる。

　また、冒頭陳述の内容は、裁判官や裁判員がその後に取り調べられる証拠を見聞きする視点を持てるようにしなければならないので、取り調べる証拠から直接認められる事実によって構成すべきである。証拠の評価、事実の評価、法律的な見解は、論告で主張すべきことであり、証拠調べをしておらず事実が確定していない段階でそのような主張をしても、裁判員には分かりづらく、説得力がない。検察官としては、論告での主張を支える事実をストーリーの中に織り込んで冒頭陳述の内容を組み立て、そのストーリーが立証されれば、論告での主張が認められる内容にすることが求められる。

　他方、社会的事実には極めて詳細なものまで含まれ得るので、どのような事実をどの程度具体的に述べる必要があるかを考えなければならない。その指標になるのは、争点に関する間接事実、客観的補助事実、考慮要素たる事実、量刑上重要な犯情であり、これらの事実を過不足なく折り込みながらも、できるだけ簡素なストーリーとして冒頭陳述を行えば、初めて公判審理に臨んで緊張を強いられている裁判員も、その後の証拠調べを見聞きする視点を自然に持てるようになる。

　その上で、争点整理の結果を踏まえて、ストーリーに織り込んだ争点事実を明示した上、その立証構造が直接証拠である場合は、その証拠を指摘するとともに客観的補助事実をストーリーと関連付けながら述べて争点判断のポイントを示し、その立証構造が間接事実による推認である場合は、間接事実をストーリーと関連付けながら述べるとともに、その間接事実を立証する証拠を指摘して争点判断のポイントを示すべきである。

　証拠との関係については、どのような証拠があるのかをイメージできる程

度、例えば、「この事実については、目撃者の証言で立証する」といった内容で足りる。必要があれば、それぞれの証拠調べの前にその証拠が争点に関する事実とどのような関係にあるのかを述べることもでき、裁判員にとっては、その方が分かりやすい。

## 3　弁護人の冒頭陳述

　弁護人の冒頭陳述も、基本的には同じであるが、公訴事実として特定された犯罪事実の立証責任は検察官にあるから、検察官の冒頭陳述とは別のストーリーを述べなくても、検察官の冒頭陳述を前提にして、その内容のどこがどのように違っているのかがイメージできるように述べれば足りる。

　いずれにしても、被告人から聴き取った内容がすべて真実であることを前提として冒頭陳述を行うことにはリスクがある。その内容が客観的な証拠によって認められる事実と矛盾していると、弁護人の最大の武器である被告人の供述は、全体として信用できないとの評価を受けかねないからである。被告人の供述内容が客観的な証拠によって認められる事実と矛盾するものではないと弁論で主張する余地も残しておく必要がある。

　例えば、路上における傷害致死事件において、通りがかりの目撃者が「被告人は、横たわっていた被害者の頭部を右足で蹴った後、被害者の脇から両足で飛び上がって、被害者の腹部に両足で着地するという態様の暴行を繰り返した」と供述しており、司法解剖によって認められる死因となった傷害がこの態様の暴行を強く裏付けているのに対し、被告人が「横たわっている被害者の頭部を右足で蹴ったが、被害者の腹部に両足で着地するという態様の暴行は加えていない」と供述している場合、弁護人としては、冒頭陳述において、被害者の腹部に両足で着地するという態様の暴行は加えていないと主張しつつ、犯行当時の被告人の精神状態についても織り込んでおき、証拠調べの結果によっては、弁論において、「被告人は、恐怖の余り、相手の暴力に対応することに無我夢中になっていて、自分がどのような行為を行ったの

か途中から記憶が残っていない可能性があり、積極的にうそを述べているわけではないとも考えられる」などと主張する余地を残しておくことも考えられるのではなかろうか。

## Ⅲ　証拠調べの在り方

### 1　証拠書類の取調べ

　証拠書類の取調方式は、原則として「朗読」である（刑訴法305）。裁判員裁判では、裁判員が証拠書類を読み返したり、裁判官が裁判員に内容を説明したりすることを予定しておらず、裁判員が公判審理における証拠調べにより心証を形成することができるように、必要な情報が公判期日においてすべて提供される必要があり、そのためには、朗読の方法によるのが最適である。他方で、裁判長は、訴訟関係人の意見を聴き相当と認めるときは、「要旨の告知」という方法も取ることができることになっている（刑訴規則203-2）。肝心なことは、それぞれの証拠書類の性質に応じて、裁判員にとって内容を把握しやすい「告知」方法を取るということである。検察官・弁護人は、このことを踏まえて、それぞれの証拠書類の内容をどのように告知するか考えて準備しなければならない。

### 2　証人尋問

(1)　合目的的な証人尋問の必要性

　裁判員にとって「分かりやすい公判審理」は、第1章Ⅲ1で説明したとおり、「公判中心の核心司法」であり、それぞれの事件の争点判断のポイントについて、人証を中心とした立証により心証を形成できる審理が求められる。したがって、「分かりやすい公判審理」の中核は、証人等の人証の取調べであるが、質問内容が合目的的なものに絞られておらず、心証形成しづらいも

のになっていることがある<sup>22</sup>。

　証人尋問の方式について、刑訴法304条１項は、裁判長又は陪席裁判官が最初に尋問すると定めているが（刑訴法304①）、取調べ済み以外の証拠を見ていない裁判官が適切な尋問をすることは困難であり、実務では、当事者主義に沿った運用である交互尋問方式によっており（同③、刑訴規則199－２）、最初に証人尋問を請求した者が尋問し（主尋問）、次いで相手方が尋問し（反対尋問）、必要があれば、請求者が再度尋問し（再主尋問）、その後、裁判官・裁判員が尋問している（補充尋問。裁判員につき、裁判員法64）。

　そこで、証人尋問の基本的ルールを確認した上、合目的な証人尋問の在り方について主尋問、反対尋問、補充尋問に分けて検討する。

(2)　基本的なルール

　証人尋問は、「できる限り個別的かつ具体的で簡素な尋問によらなければならない」（刑訴規則199－13①）。これは、証人が質問を的確に理解し、質問に対応した証言がなされるようにするためであり、証人が証言しやすく、裁判官・裁判員が証言内容を把握しやすい質問をするように求めるものである。

　複数の質問が含まれている尋問は、証人としてはどの質問に答えるか戸惑い、どれか一つの質問のみに答えてしまう事態になりかねず、裁判官・裁判員としては、答えなかった質問について、証言に窮したのか、証言を回避したのか、単に証言するのを忘れただけなのかなど様々な理解が可能になってしまい、証言内容を理解するのが困難になることがある。

　漠然とした尋問もすべきでない。証人が質問の趣旨を理解できずに戸惑っ

---

22　判決書等に関する司法研究11頁では、「証人についても、立証に真に必要な証人に限定した上で、証言の内容も立証に必要な事項に限る必要がある。これまでの実務における証人尋問で往々に見られたような、検察官は供述調書に記載された内容どおりの『ことば』を引き出すことに精力を傾け、弁護側はこれを否定するために同じレベルで『ことば』の否定を行おうとするような訴訟活動は、裁判員が心証を形成する上で有効なものとはいえないであろう。」と指摘されている。

てしまい、質問の趣旨に沿わない証言をしてしまい、そのため証言の意味が
違ったものになりかねないからである。

　しかし、包括的な質問をする方が適切な場合もある。例えば、目撃者の証
人尋問では、どの事件について証言を求めているか確認した上、「あなたは、
どのような状況を見たのですか」と包括的な質問することによって、証人は
最も記憶に残っている事柄を証言でき、証言しやすく、裁判官・裁判員とし
ても、その証言の信用性が分かりやすい[23]。

　前提を説明した上での尋問は、巧みな誘導になったり、期待する証言をす
るよう押し付けたり、質問が不明確になったりしかねない。

　当然、威嚇的・侮辱的な尋問もしてはいけない（刑訴規則199−13②Ⅰ）。
そのような尋問をしても、有利な証言が得られないばかりか、証人を頑なな
姿勢にしてしまい、有利な証言が得られる可能性すらつぶしてしまうからで
ある[24]。正当な理由がなければ、既にした尋問と重複する尋問、意見を求め、
議論にわたる尋問、証人が直接経験しなかった事実についての尋問をしては
ならない（同Ⅱ、Ⅲ）。誤導尋問も許されない（刑訴法295①）。

　主尋問では、原則として誘導尋問をしてはいけない（刑訴規則199−3③）。
なぜなら、誘導尋問とは尋問者が期待する答えを明示又は暗示するような尋
問をいうが、証人は、その尋問を請求した主尋問者に迎合的になりやすいか

---

[23]　前掲「刑事第一審公判手続の概要（平成21年版）」の参考記録では、争点判断の分か
れ目になり得る証人田村信夫に対する主尋問において、検察官は、犯行現場の玄関ドア
のノブに付いたものを見て「すぐに血こんだと判断しました。」との証言を引き出した
上で、「その時の状況を話してください。」という包括的な質問をしているが（同81頁下
から10行目）、この質問は、争点判断のポイントになっている事項について、この証人
の記憶に鮮明に残っている事実を自らの言葉で表現させようとするものであり、証人に
とっては、証言しやすく、裁判官・裁判員にとっては、その内容が把握しやすく信用性
の判断もしやすい証言を引き出すものといえる。このような質問をすると、証人がどの
ような証言をするか予測しがたい面があるので、尋問者には、そのときの証言内容をと
らえて次の質問を柔軟に考え、当該証人に証言してもらいたい事項をもれなく質問して
いくことが求められる。

らである。しかし、「証人の身分、経歴、交友関係等で、実質的な尋問に入るのに先立って明らかにする必要がある準備的な事項」、「訴訟関係人に争いがないことが明らかな事項」[25]、「証人が証言を避けようとする事項」、「証人が前の供述と相反するか又は実質的に異なる供述をした場合において、その供述した事項」に関する尋問においては、そのような弊害がないので、例外的に誘導尋問が許される（同Ⅰ、Ⅱ、Ⅴ、Ⅵ）。また、「証人が主尋問者に対して敵意や反感を示すとき」も、同様に誘導尋問が許される（同Ⅳ）。「証人の記憶が明らかでない事項について、記憶を喚起するために必要があるとき」も、必要性があって、弊害が少ないことから、誘導尋問が許されて

---

24　前掲「刑事第一審公判手続の概要（平成21年版）」の参考記録では、犯人と推認される人物を目撃した証人菅野麻里子が主尋問において、「最初は写真を数枚見せられて、この中にいるかどうかを聞かれましたが、その際似ている男性を選んだところ、被告人でした。その後、取調べ中の被告人に会いましたが、この人だと思いました。」などと証言したのに対し（同88頁下から8行目）、反対尋問において、弁護人は、「被告人は、自分はその時間、同せいしていた女性の所にいたと言っているのですよ。それでも、あなたは、被告人が都荘の通路にいたといえますか。」という質問をしている（同89頁26行目）。この質問は、前提として被告人の供述内容を説明し、目撃した人物と被告人の同一性についてあいまいな証言を引き出そうとしたものと思われるが、このような質問によって狙いどおりの証言を引き出すことができないばかりか、その言い回しには「嘘をつくな」というニュアンスがあり、威嚇的・侮辱的でもあるため、第三者的な証人を敵対的な立場に立たせてしまい、被告人にとって有利な証言を得ることを困難にしている。この質問に対し、証人は、証言時の記憶と認識について、「私が見た人が被告人かどうかは、今断定できるかと言われると、必ずしも自信はありませんが、」と弁護人の狙いどおりの証言をしつつも、面通し時の記憶と認識については、「取調べ中の人を見せられた時に、この人だと思いました。その時見せられた人が現場にいた人であることは間違いないと思います。」と主尋問時より断定的な証言をするに至っており、このような証言をさせてしまいかねないことにも留意しなければならない。

25　「準備的な事項」や「争いがないことが明らかな事項」については、争点判断のポイントに重点を置いた証言を求めるため、誘導尋問を活用すべきである。しかし、例えば、主尋問者が証人の経歴を早口で長々と述べた上でそれを確認する発問をし、証人がそれを認める証言をすることがあるが、そのような質問は、証人が主尋問者の述べたことをすべて確認できたのか不明であるため、その証言どおりの心証を取っていいのか困ることがある。誘導尋問を活用するにしても、証人が証言しやすく、裁判官・裁判員が心証を取りやすい質問でなければならない。

いるが（同Ⅲ）、記憶喚起のための誘導尋問による証言の信用性判断は難しい。

(3)　主尋問の在り方

　合目的的な主尋問を行うためには、争点に関する事実について、既に取り調べられた証拠や後に取り調べられる証拠により確実に認められる事実を踏まえ、当該証人に証言してもらいたい事実は何なのかを検討しておかなければならない。その上で、その証言を誘導せずに引き出すにはどのような質問をすべきか検討し、証言内容が想定通りに出てこなかった場合、最低限引き出さなければならない内容は何なのかも検討しておく必要がある。

　このような検討において、証拠関係や事実関係が複雑な事案では、ブロックダイアグラムを作成して自らの立証構造とその立証状況を整理してみることが有用である。また、尋問事項を書き出し、その順番を検討してメモを作成したり、主要な尋問内容については、具体的な発問方法のメモを作成したりすることも有用である。

　このような準備をして主尋問に臨むことによって、自らの立証構造に適った適切な尋問ができ、当該証人から引き出し得る最良の供述が得られるとともに、裁判員にとって供述内容が把握しやすく心証が取りやすいものになる。主尋問では、想定通りの証言が得られないため、証人が供述した内容に供述していない内容を織り交ぜて確認する発問をしたり、供述した内容とは微妙に異なる内容に置き換えて確認する発問をしたりして、巧みに誘導したり、時には、誤導尋問をしたりして、証人が何を供述したのか不明確になることもあるが、そのような事態も避けられるのではなかろうか。

(4)　反対尋問の在り方

　反対尋問は、主尋問による証言内容を聞いてみなければ、尋問内容は決められないが、主尋問による証言内容の問題点をその場で見出すためには、主尋問者と同様に、争点に関する事実について、既に取り調べられた証拠や後に取り調べられる証拠により確実に認められる事実を踏まえ、想定される証

言内容のどこにどのような問題があるのか、あり得るのかを検討しておかなければならず、その検討結果に基づいて反対尋問のポイントのメモを作成しておくことが有用である。

　このような準備をして反対尋問に臨むことによって、反対尋問の要否を含めて、自らの立証構造に適った尋問ができ、主尋問で出た不利な証言を最大限後退させ、有利な証言を引き出すことも可能となり、裁判員にとって主尋問に対する証言も含めた証言内容の把握とその信用性の評価がしやすいものとなる。

　反対尋問では、主尋問における証言内容を確認するだけの発問が繰り返されたり、自らの主張を押し付けようとして議論にわたる発問を行なったりすることがある。裁判員は、当事者が意味のない発問をするはずないと思って証人尋問を聞いているので、当事者が重複尋問や議論にわたる尋問をしても、意味のある発問であると思ってその意味を考えながら聞いている。そのため、合目的的でない発問が続くと、裁判員はその意味が分からないと戸惑いながら証言を聞くことになるが、そのような事態も避けられるのではなかろうか。

　裁判長としても、このような尋問は規制されているのであるから（刑訴規則199−13②Ⅱ、Ⅲ）、タイミングを逃すことなく制限すべきである（刑訴法295①）。制限することなく放置していると、裁判員はますますその尋問に意味があるはずと考えてしまい、その意味が分からないと思い悩んで混乱してしまいかねないことに留意する必要がある。

(5)　補充尋問の在り方

　裁判所は、判断者として公平な立場を堅持すべきであるから、裁判官の補充尋問は、①証言内容が不明確なところを明確にし、矛盾しているように思われるところが矛盾しているのかどうか確認する質問、②肝心な点について具体性に乏しい証言をしている場合、具体的な記憶がありながらそのような証言内容にとどまっているだけなのか、あいまいな記憶に基づいた証言であったり、体験していないことを証言したりしているためかを確認する質問[26]、

③肝心な点であるにもかかわらず、当事者双方が尋問をしていない点に関する質問に限定すべきである。

質問の仕方も工夫する必要がある。自らの心証に基づいて誘導するような質問をしがちであるが、公平な立場から誘導のない質問の仕方を考えなければならない。

まして、確認のための重複尋問をしてはいけない。どのような証言をするか想定できる質問は、既に証言が出ているということであり、実質的に重複尋問である。

裁判員の補充尋問については、このように制約すべきではない。裁判員の方々も裁判所の合議体を構成しているのであるから、公平さが求められるが（裁判員法9①）、犯罪事実の認定等の判断者として補充尋問ができるのであって、裁判員の方が充分な補充尋問ができなかったと心残りに思ったのでは、納得できる評議にならず、裁判に実質的に参加したとはいえない状態を招きかねないからである。裁判員の方々は、初めて裁判に関与することになり、その責務の重大さに緊張して公判審理に臨んでおり、証人に質問したいことがあっても、質問することに尻込みしがちである。そのような心情の裁判員が心置きなく補充尋問を行うためには、裁判官が背中を押す必要がある。例えば、当事者双方の尋問が終わって休廷した際に裁判長が「休廷後、裁判員の皆さんからも証人に質問することができます。質問したいことがあれば、遠慮せずに質問してください。こんなことを質問していいのかなと迷っていたり、尋ねたいことがあるけど、どういう風に質問すればいいか分からない

---

26　肝心な点について、証人が主尋問において具体性に乏しい証言をしている場合、具体的な証言を求められなかったためということもあり得る。証人の記憶があいまいであったり、体験していないことであったりしたためであれば、反対尋問において具体的な証言を求めて、具体性の乏しい証言しかできないことを明らかにし、その証言の信用性を弾劾すべきであるが、そのような反対尋問が行われなかっただけかもしれない。証言の信用性評価をしなければならない立場にある裁判所としては、そのいずれの可能性があるのか確認する必要がある。

と困っていたりしている方がおられれば、ご相談に乗ります」などと言って、どのような質問をするかは裁判員一人ひとりに任されていて、自由に質問ができることを伝えた上、裁判員の方々が証人に質問することをためらう典型的な心情を例示し、裁判員が証人に質問することができるように助言すると提案することが考えられる。裁判員の方々に質問の内容や仕方を任せても、大多数の裁判員は、公平な立場で補充尋問をしなければならないという意識を持っており、公平さに欠けているということはほとんどない。また、裁判員から相談があった場合には、裁判長は、その裁判員が証人に尋ねたいことを確認した上、質問の内容や仕方について一緒に検討する中で、その裁判員が適切な質問をすることができるようにすべきである。

## 3　被告人質問

### (1)　弁護人の準備

　被告人・弁護人にとって被告人質問は最も有力な防御方法であることが多く、弁護人は、被告人質問が合目的的なものとなるようにし、防御方法としての効用を最大限引き出さなければならない。しかも、大方の事件では、被告人質問は、他の証拠調べがすべて終えた段階で行われるので[27]、弁護人は、被告人に対する質問事項を検討するに当たっては、争点に関する検察官の立証構造とその立証状況を整理し、被告人が弁護人に話している内容を踏まえ、既に取り調べられた証拠により確実に認められる事実と整合性のあるストーリーはどのようなものか、争点判断に関して立証された可能性のある事実は何かを踏まえて、被告人の公判供述によって弾劾できる事項は何かなどを検

---

27　違法収集証拠排除法則の適用や自白の任意性が争点になっていて、その点に関する証拠調べも公判審理で行うことにした事案においては、このような争点に関する被告人質問が証拠調べの比較的早い段階で行われることになるが、その場合の被告人質問は、証人尋問における主尋問と同様に、争点に関する事項について、既に取り調べられた証拠や後に取り調べられる証拠により確実に認められる事実を踏まえ、被告人に供述させるべき事実は何なのかを検討することになる。

討し、どのような質問をしてそのような目的に沿う供述を引き出すかといった観点から、質問事項を定めなければならない。その上で、その供述を誘導せずに引き出すにはどのような質問をすべきか検討し、被告人が想定通りに供述しなかった場合、どのような対応をするかも検討しておく必要がある。

　従前の実務では、争点に関する事項についても誘導して被告人に供述させている弁護人もいた。そのような被告人質問を見聞きした直後の休廷時間に裁判員から「被告人は、弁護人に言われたとおりの話をしているだけですね」などと話し、被告人の公判供述は信用できないとの意見が述べられたことがあった。被告人質問についても、証人尋問と同様に、裁判長は、不相当な質問を制限できることになっているが（刑訴法295①）、証人尋問に関する刑訴規則199条の3第3項のような誘導質問を制限する規定はなく、当事者主義を基調とした訴訟運営を行っている裁判長は、弁護人の誘導質問を直ちに不相当として制限することはない。しかし、証人に対する主尋問において原則として誘導尋問が制限されているのは、証人が主尋問者に迎合しやすいため、誘導尋問によって証言した場合、記憶に基づいた的確な証言内容になっていないおそれがあり、裁判官・裁判員にとっては、その信用性判断が難しくなるからであるが、同様のことは、弁護人による被告人質問についてもいえる。したがって、弁護人としては、被告人の公判供述の信用性を高めて、防御方法としての効用を最大限引き出すために、争点に関する事項については、できる限り誘導質問を避けるべきである。

(2)　検察官の準備

　検察官としては、証人の反対尋問と同様に、弁護人の質問に対する被告人の供述を聞いてみなければ、質問内容を決められないが、被告人の供述内容の問題点をその場で見出すためには、既に取り調べられた証拠により、争点判断に関して確実に認められる事実を踏まえ、弁護人の主張や被告人の捜査段階の供述から被告人の公判供述の内容を想定した上、確実に認められる事実との整合性の観点から問題点を整理し、被告人に対する質問のポイントを

検討したメモを作成しておくことが重要である。

　従前の実務では、検察官が被告人に対し理詰めで自らの主張を押し付けようとして議論にわたる質問を繰り返していることもあったが、そのような質問はすべきでない。そのような被告人質問を見聞きした直後の休廷時間に裁判員から「検察官は、取調べでもあんなやり方をしているんでしょうね」などといった感想が出され、捜査段階の被告人供述の信用性や検察官の公正さに疑問を抱かせ、検察官の主張・立証全体の信頼性を損ねていると感じたことがあった。裁判長としては、そのような質問は不相当なものであるから、直ちに制限すべきであり（刑訴法295①）、漫然と放置していると、裁判に対する信頼も損ないかねない。

## 4　審理計画を逸脱する事態への対応

### (1)　審理時間の硬直性

　裁判員裁判では、公判審理の状況に応じて、裁判員・補充裁判員の職務従事日や職務従事時間を増やすことが難しい。裁判員候補者に裁判員等選任手続期日への出頭を求める呼出状に職務従事期間（裁判員等選任手続期日から裁判員の職務終了見込み日まで）を記載しなければならないとされているが（裁判員法27③、裁判員規則18）、実務では、裁判員として職務に従事する予定日も記載し、裁判員候補者があらかじめスケジュール調整等をした上で裁判員等選任手続期日に出頭できるようにしており、さらに、裁判員・補充裁判員には、選任後の早い時期に審理計画の概要を伝え、各職務従事予定日の職務従事開始・終了予定時刻を知らせて仕事や家庭の用件を入れやすいようにしている。裁判所がこのような対応をしているのは裁判員・補充裁判員の負担軽減のためであるが、このような情報に基づいて、裁判員・補充裁判員の方々は、スケジュール調整等をし、仕事や家庭の用件を入れてしまっているため、職務従事日や職務従事時間を増やせないのである。

　したがって、裁判員裁判の公判前整理手続では、どのような事態が起き得

るかも考慮に入れた上で審理計画を立て、審理・評議計画を詰め込み過ぎないようにし、裁判員・補充裁判員の職務従事日や職務従事時間を増やさなければならない事態を招かないようにしなければならない。

(2)　出廷・宣誓・証言を拒否する証人への対応方法

ア　問題状況

　裁判員・補充裁判員の職務従事日や職務従事時間を増やさなければならない事態に陥る原因[28]の一つが予想外の証人の不出頭や証言拒絶である[29]。

　証人尋問の請求者は、自らの立証の必要から証人尋問請求をしているのであるから、その証人の出頭確保に努めなければならない（刑訴規則191-2）。通常、請求者は、事前に証人から供述を聴取し、証人が公判で証言することに協力的かどうか把握し、召喚するまでもなく、証人の出頭が確保できるのか、証人として召喚する必要があるのか（刑訴法143-2）、召喚するだけでなく、証人として出頭して証言するよう説得するなどの働きかけが必要なのか、更には、正当な理由がなく召喚に応じないおそれがあり、勾引までする必要があるのか（同法152）を判断し、的確な対応をして証人の出頭を確保し、証人尋問が実現できており、証人が予想外に出頭しないという事態はまれである。

　また、出頭した証人が宣誓を拒絶して尋問が行えないとか、尋問をしても

---

28　公判審理を中断せざるを得ない事態が起こった場合の対応については、江口和伸「裁判員の参加する刑事裁判の公判手続が中断した場合の覚書」『これからの刑事司法の在り方』563頁以下を参照されたい。

29　公判審理開始後の訴因変更は、裁判員・補充裁判員の職務従事日や職務従事時間を増やさなければならない事態を招きかねず、注10で指摘したとおり、公判前整理手続における争点整理を適切に行うことにより、公判審理開始後に訴因変更をする事態はできる限り避けたい。しかし、公判前整理手続において、訴因変更の必要性が明確になっていなかったのであれば、訴因変更が著しく訴訟を遅延させるとも、被告人の防御を困難にするともいえず（池田ほか・刑事訴訟法講義320頁参照）、計画的審理が求められている裁判員裁判だからといって、公判審理開始後の訴因変更請求が許されなくなるわけではない。

証言を一切しないという事態もまれである。

　しかし、渋々ながらも召喚に応じて出頭し証言する意向であった証人が突然態度を変えて出頭せず、あるいは出頭しながら宣誓や証言を拒否するという事態も起こり得る。当該事件の争点判断におけるその証人の重要性によって対応の仕方は異なってくるが、争点判断の分かれ目になる証人が、出頭せず、あるいは出頭しながら宣誓や証言を拒否した場合、裁判所・検察官・弁護人はどのように対応すべきであろうか。

　このことについて、被告人が主犯格の共謀共同正犯であるとして強盗致死等の罪で起訴された事件を素材にした【設例2】を用いて検討する。


〈【設例2】の事案概要〉

　被告人は、Vが多額の資産を有しているとの話を聞きつけ、Vを拉致して金品を強奪した上、警察に通報されないようにするため、Vに覚醒剤を注射して山奥に置き去りにしようと企て、甲らと共謀し、Vを略取、監禁し、Vから金品を強取した上、Vに覚醒剤を注射して山奥に置き去りにし、Vを覚醒剤使用に誘発された病変により死亡させたとの営利目的略取、監禁、強盗致死、覚醒剤使用の罪で起訴された。

　公判審理で取り調べた証拠によれば、①甲は、被告人から広域暴力団の肩書が記載された名刺を見せられるなどして、被告人が暴力団組員と思っていたところ、知人から、Vが1億円くらいの資産を持っているとの話を聞きつけ、被告人に対し、Vを襲って資産を奪おうと思っていると話し、被告人が手配したAと一緒にVを尾行して、Vの住所を突き止めようとし、Vの住所等の調査を依頼した探偵社への料金支払いについて被告人を介してAに振り込ませていること、②甲は、探偵社からVの住所の連絡を受け、Vを車で拉致してキャッシュカード等を奪い、そのキャッシュカードで現金を引き出したり、V方に行って金品を奪ったりした上、警察に通報できないようにするためVに覚醒剤を注射して山奥に置き去りにするという犯行を実行すること

にしたこと、③そこで、知り合いの乙1にこのような犯行を持ちかけ、仲間を集めるように頼み、乙1が遊び仲間の乙2～4を誘い入れ、乙1～4と打合せをし、甲が覚醒剤を手配し、乙1らが車、注射器等を手配することを決めたこと、④甲と乙1～4は、Vを待ち伏せてワゴン車に乗せ、走行中の車内でVに対し「1億持ってんだろ。どこに隠してんだ」などと言って、暴行を加えた上、Vから財布等を奪い取り、財布に入っていたキャッシュカードの暗証番号もVから聞き出した後、V方に入り込んで現金を探したが、現金は見つからなかったこと、⑤その後、甲は、被告人に電話をかけ、待合せ場所付近でワゴン車から降り、被告人から覚醒剤約1gを受け取ったこと、⑥ワゴン車に戻った甲は、乙1～4に対し「Vに覚醒剤を注射してHダムに落として殺す」と言い出したが、乙1～4がこれに反対したため、当初の計画どおり、Vに覚醒剤を注射してVを山奥に置き去りにすることにし、Vに覚醒剤約0.15gを注射した上、Vを未明の山奥に連れ込み、急斜面を降りて行かせて容易に人里にたどり着けなくしたこと、⑦それから、甲と乙1～4は、ワゴン車でコンビニに行き、前記キャッシュカードでATMから預金残高の40万円を引き出し、その現金をその場にいる5人で山分けにしたこと、⑧Vは、翌日に覚醒剤使用に誘発された病変により死亡したもので、Vの遺体は、それから1週間後、Vが降りて行った急斜面付近の沢で発見されたことが認められた。

　このような立証状況下で、被告人と謀議をして実行犯グループを集め実行行為に及んだと捜査官に対して供述し検察官調書が作成されている甲が証人召喚状に基づき勾留場所から裁判所に押送されてきていながら出廷を拒んだ。

●　　　　　●　　　　　●

　召喚を受けた証人が正当な理由なく出頭しないときは、過料（10万円以下）、費用の賠償、刑罰（1年以下の懲役又は30万円以下の罰金）の制裁を科すことができ（刑訴法150①、151）、証人が正当な理由なく宣誓・証言を

拒んだときも、同様の制裁を科すことができる（同法160①、161）。これらの規定に基づいて、裁判所としては、裁判所内や法廷にいる証人に対し、出廷・宣誓・証言の義務があること、これらの義務に違反した場合、上記のような制裁があることを告げて出廷・宣誓・証言を促す必要があるが、出廷・宣誓・証言を拒否する証人は、このような制裁が科されることを覚悟しているのが通常であろうから、その告知によって出廷・宣誓・証言をするようになると期待することはできない。

　他方で、共犯者の検察官調書も、刑訴法321条1項2号の書面に当たり、同号前段は、供述不能の場合には例外的に伝聞証拠を用いる必要性があるとして証拠能力を認めたものであり、列挙された事由に限定されず、証人が出廷・宣誓・証言を拒否した場合も供述不能事由になり得る（最大判昭和27年4月9日刑集6巻4号584頁等）。しかし、訴訟の合理的な進行を著しく阻害しない時期に証人尋問ができる見込みがあれば、供述不能とはいえず、証拠能力は認められない[30]。また、刑訴法321条1項は、必要性と信用性の情況的保障の程度を組み合わせて伝聞法則の例外を定めたものであるから、この規定によって証拠能力が認められても、相手方の反対尋問によるチェックを経ておらず、誤りが含まれている危険があるという伝聞証拠の信用性判断の困難さに変わりはない。しかも、自白している共犯者であっても、利害関係等の様々な事情から虚偽を織り交ぜて供述をする危険があるので、【設例2】のように共犯者供述の信用性が共謀の成否という争点判断の分かれ目になっている事案においては、被告人の犯行への関与の有無、程度等について、他の証拠によってどのような事実を認定することができるのかを検討し、客観的事実によって共犯者供述の信用性が強く支えられていなければ、争点に関する事実を共犯者供述によって認定することはできない（池田眞一ほか「共犯

---

[30]　証言拒絶が供述不能に当たるかの判断要素については、野口佳子「裁判員裁判における共犯者の証言拒絶についての刑訴法321条1項2号前段の考慮要素」『これからの刑事司法の在り方』547頁以下を参照されたい。

者の供述の信用性（司法研究報告書第44輯第2号）」（法曹会・1996）5頁以下）。

イ　出廷・宣誓拒否への対応方法

　以上のことを踏まえて、【設例2】について検討すると、甲が出廷を拒否した場合、これらに応じるよう説得するほかないが、説得によって甲が証人尋問に応じる気持ちになる手立てを探るためには、甲が出廷拒否をする動機や事情を把握することが肝心である[31]。

　甲の検察官調書を不同意にした弁護人は、甲の証人尋問を行いたいと考えているはずであり、立証責任を負っている検察官としても、甲の供述を証拠資料とするための本来的な立証方法であって信用性も高いと評価される可能性の高い証人尋問が実施できるよう最善を尽くさなければならない立場にある。したがって、両当事者に対し、法廷外において、甲が出廷を拒否する動機や事情を探り、証人尋問に応じる気持ちになるよう説得する機会を与えるべきである。

　裁判所も、甲の供述の信用性を判断することになる立場から、証人尋問を実施することがより良い証拠調べといえるので、甲に対し同様の働きかけをすべきである。

　このような働きかけをしても、出廷を拒否して証人尋問に応じない証人の意思が固ければ、制裁を科すかどうかはともかく、証人尋問ができる見込みがないものとして訴訟を進行させることになる。

　これらのことは、甲が出廷した上で宣誓を拒否する場合も同様であるが、甲が公判廷にいるので、少なくとも最初は公判廷で説得を試みることになろう。

ウ　証言拒否への対応方法

　【設例2】の事案で、甲が出廷し、宣誓した上で、検察官の尋問に対し

---

31　証人尋問に応じない動機や事情としては、自分の裁判が係属中のため、証言することによって自分の裁判で不利益になることを懸念している場合、当該事件の被告人側から接触を受け、自分や家族に危害が及ぶ不安を抱いている場合、当該事件の被告人の眼前で、裏切ったと思われるような証言をしたくない場合等がある。

「事件を起こしたことは間違いないが、事件のことに関しては一切話したくない」と言った場合は、どのように対応すべきであろうか。

　検察官としては、主尋問において予定していた尋問事項のうち周辺的な事項から質問していき、甲がどの範囲まで供述するか探りながら、できるだけ証言を引き出すように試みるべきである。証人が証言を拒否し始めた場合は、尋問に応じる気持ちになるよう説得するような問いかけを織り交ぜながら、その動機や事情を探る質問をするとともに、甲の検察官調書の供述が信用できることをうかがわせる証言を引き出すような尋問を試みるべきである。このようにして引き出された証言は、断片的なものであっても、証人の検察官調書の供述の信用性判断にも影響し得るものである。

　【設例２】の事案の場合、検察官としては、①争いのない事項に関する質問であれば、供述する可能性があるので、被害者を襲う話を被告人にした当時、被告人をどのように思っていたか、そのような話を被告人にしたのはどうしてかなどと尋ねて、甲と被告人との力関係や甲の被告人に対する意識を立証する、②Ｖを尾行したり、探偵を使ったりして、Ｖの住所を調べようと考えたのは、あなた自身か、Ｖに覚醒剤を注射するということを最初に考えたのは、あなた自身かなどと尋ね、甲としては嘘を言いたくない事柄について質問する、③検察官や警察官の取調べにおいて、供述を強制されたと感じた言動はあったか、どうして被告人と話した内容を供述しようと思ったのかなどと尋ね、検察官調書の供述状況を質問し、相対的特信情況を立証することなどが考えられる。

　他方、甲の検察官調書を不同意にした弁護人は、証人尋問で検察官調書の供述と異なる証言を得たいと考えているのであるから、少なくとも甲の検察官調書の供述が信用できないことをうかがわせる証言を引き出すような尋問を試みるべきであろう。

　【設例２】の事案の場合、弁護人としては、①逮捕された当初から検察官調書と同様の供述をしていたのか、②検察官からどのような説得があったの

か、③被告人に対して現在どのような気持ちを持っているかなどと質問することが考えられる。

　裁判所も、甲の供述の信用性を判断することになるので、中立公平を保ちながら、検察官・弁護人と同様の観点から甲への質問を試みるべきである。質問の仕方によっては、尋問に応じる者がおり、証人の中には、検察官・弁護人の尋問には応じられないが、裁判所の尋問には応じる者もいる。

　このような尋問を重ねても、証人尋問に応じない甲の意思が固ければ、制裁を科すかどうかはともかく、証人尋問ができる見込みがないものとして訴訟を進行させることになる。

　刑訴法321条1項2号後段の「前の供述と相反するか若しくは実質的に異なった供述」とは、「立証事項との関係で、公判準備又は公判期日の供述と検面調書記載の供述とが、表現上明らかに矛盾しているか、あるいは表現自体としては矛盾していないように見えても前後の供述等を照らし合わせると、結局は異なった結論を導く可能性のある供述である」（池田ほか・刑事訴訟法講義449頁）。「前の供述の方が詳細で公判廷の供述が断片的な場合…でも、後の供述では前の供述によって認められるような具体的事実の認定が困難なとき」は、「実質的に異なった供述」といえる（条解刑事訴訟法934頁）。

　証人が証人尋問において「事件を起こしたことは間違いないが、事件のことについては一切話したくない」と供述しただけの場合、極めて概括的なものであるにせよ、公判供述があり、検察官調書記載の供述の方が具体的であるというにすぎないから、刑訴法321条1項2号後段の場合に当たるとの解釈もあり得るが、刑訴法321条1項が伝聞証拠の必要性の程度に応じて証拠能力の要件を定めている趣旨からすると、実質的には証言拒否といえ、証言拒絶による供述不能の場合に当たると解すべきであろう。

(3)　立証制限と被告人質問の制限

　公判前整理手続終了後、当事者は、「やむを得ない事由」[32]によって請求できなかった証拠を除き、新たな証拠調べを請求することはできない（刑訴

法316-32①）。これは、争点と証拠の整理の実効性を担保し、集中審理、計画審理を実現するためのものであり、審理計画を逸脱する事態が起きないようにしている。

　しかし、被告人質問については、狭義の証拠調べではなく、証拠調べ請求をすることなく実施できることになっており（刑訴法311②③）、刑訴法316条の32第1項によって制限することはできない。しかも、公判前整理手続終了後に新たな主張をすることを制限する規定はないから、公判期日において弁護人が新たな主張のための質問をし、被告人がその主張に沿った供述をしても、制限することができないことになる。しかし、新たな主張が公判前整理手続における主張明示義務に違反するもので（同法316-17）、新しい主張に関する被告人質問を許すと、公判前整理手続を行った意味を失わせる場合には、刑訴法295条1項により被告人質問を制限できることもある。

　このことについて、最判平成27年5月25日刑集69巻4号636頁は、当たり屋による詐欺事件で、弁護人が公判前整理手続において「被告人は、本件公訴事実記載の日時において、犯行場所にはおらず、大阪市西成区内の自宅ないしその付近に存在した」旨のアリバイの主張をしたが、それ以上に具体的な主張はせず、第1審裁判所も求釈明をしなかったところ、被告人が公判審理で「その日時には、自宅でテレビを見ていた。知人夫婦と会う約束があったことから、午後4時30分頃、西成の同知人方に行った」と供述し、弁護人が更に詳しい供述を求め、被告人がこれに応じようとしたのに対し、検察官が「公判前整理手続における主張以外のことであって、本件の立証事項とは

---

32　「やむを得ない事由」としては、①公判前整理手続段階では、証拠そのものが存在しなかった場合（例えば、公判前整理手続終了後に被害者と示談が成立して示談書が作成された場合）、②証拠は存在していたが、当事者がその存在を知ることが困難であった場合（例えば、公判前整理手続終了後に新たな目撃者が見つかった場合）、③当事者も証拠の存在を知っていたが、その証拠の取調べ請求することが当事者に帰責できない事情によって困難であった場合（例えば、証人が所在不明であったが、公判前整理手続終了後に所在が判明した場合）が考えられる（山崎学「公判前整理手続の実務（第2版）」（弘文堂・2020）340頁）。

関連性がない」旨の異議申立てをし、第1審裁判所は弁護人の質問等を制限したことについて、「『公訴事実記載の日時には犯行場所にはおらず、自宅ないしその付近にいた』旨のアリバイ主張が明示されたが、それ以上に具体的な主張は明示されず、裁判所も釈明を求めなかったなどの本件公判前整理手続の経過等に照らすと、前記主張の内容に関し弁護人が更に具体的な供述を求める行為及びこれに対する被告人の供述を刑訴法295条1項により制限することはできない。」としたが、その前提として、「公判前整理手続は、充実した公判の審理を継続的、計画的かつ迅速に行うため、事件の争点及び証拠を整理する手続であり、訴訟関係人は、その実施に関して協力する義務を負う上、被告人又は弁護人は、刑訴法316条の17第1項所定の主張明示義務を負うのであるから、公判期日においてすることを予定している主張があるにもかかわらず、これを明示しないということは許されない。こうしてみると、公判前整理手続終了後の新たな主張を制限する規定はなく、公判期日で新たな主張に沿った被告人の供述を当然に制限できるとは解し得ないものの、公判前整理手続における被告人又は弁護人の予定主張の明示状況（裁判所の求釈明に対する釈明の状況を含む。）、新たな主張がされるに至った経緯、新たな主張の内容等の諸般の事情を総合的に考慮し、前記主張明示義務に違反したものと認められ、かつ、公判前整理手続で明示されなかった主張に関して被告人の供述を求める行為（質問）やこれに応じた被告人の供述を許すことが、公判前整理手続を行った意味を失わせるものと認められる場合（例えば、公判前整理手続において、裁判所の求釈明にもかかわらず、『アリバイの主張をする予定である。具体的内容は被告人質問において明らかにする。』という限度でしか主張を明示しなかったような場合）には、新たな主張に係る事項の重要性等も踏まえた上で、公判期日でその具体的内容に関する質問や被告人の供述が、刑訴法295条1項により制限されることがあり得るというべきである。」とした[33]。

# Ⅳ　弁論手続の在り方

## 1　論告・弁論の内容

　第1審の公判手続では、証拠調べ手続を終えた後に弁論手続が行われ、立証責任を負っている検察官が最初に「論告」を行い、「事実及び法律の適用について意見」を陳述する（刑訴法293①）。

　刑事裁判の目的は、検察官が公訴事実として特定した犯罪事実が取り調べた証拠によって認定できて有罪か否かと、訴因の同一性の範囲内で犯罪事実が認定できて有罪の場合には、どのような量刑が相当かを判断することにあるから、大方の事件では、公訴事実と量刑要素である事実の認定に関する意見が述べられ、必要に応じて、認定事実に基づいた法の解釈・適用に関する意見も述べられる。被告人・弁護人が違法性阻却事由等を主張している事件では、その不存在等が有罪を基礎づける事実になり、その認定や法の解釈・適用に関する主張もすることになる。違法収集証拠排除法則の適用等が主張され、検察官請求証拠について証拠能力が否定され、有罪を立証するための証拠が取り調べられなかった場合は、その判断にかかわる事実の認定や法の解釈・適用に関する意見を述べることもある。

　「被告人及び弁護人」も意見陳述することができ（刑訴法293②）、「被告人又は弁護人」には、「最終に陳述する機会を与えなければならない」とされている（刑訴規則211）。実務では、論告に次いで、弁護人が先にこの意見

---

33　この判例の補足意見では、「本件公判において、前記のような事態に至ったそもそもの原因の一つは、第1審裁判所が、公判前整理手続段階で被告人主張をあいまいなままにしておいたことにあると思われる。『自宅付近にいた』との主張については、釈明を求めて具体的内容を明らかにさせ、それが不可能であるというのであればその理由を含めて記録として残しておくべきであったものである。その上で、公判段階において、公判前整理手続段階で具体的な主張をしていなかったにもかかわらず、新たな主張に沿った供述を始めた理由を含め、当該供述の信用性を吟味することこそが重要であったと思われる。」と指摘されている。

陳述として「弁論」を行い、公判審理の最後に被告人に陳述の機会を与え、被告人が「最終陳述」をしている。被害者参加人等が弁論としての意見陳述を行う場合は、論告に次いでこの意見陳述が行われ（刑訴法316-38①）、その後に弁護人の弁論と被告人の最終陳述が行われる。

　弁護人の弁論も、被告人の最終陳述も、当該事件に関する意見であるから、刑事裁判の目的に関連する内容でなければならず、検察官の論告に対する反論である。

## 2　論告・弁論の機能

　大方の事件における争点は量刑判断に関する事項や公訴事実自体の認定に関する事項であるから、論告の内容は、公訴事実自体や量刑要素となる事実の認定に関する意見であることが多いが、従前は、公訴事実の認定に関する意見として、検察官の立証構造を前提に、検察官が重視している証言が信用できる理由を挙げ、検察官が重視している間接事実を羅列し、被告人の公判供述が信用できない理由を指摘するのみで、検察官が重視している証言内容と食い違っている証拠や事実が証言の信用性を損なうものでないことを論じていなかったり、羅列している個々の間接事実の推認力を評価し、間接事実による推認過程を論じていなかったり、証拠の信用性評価と間接事実による推認過程が錯綜している事案であるのに、証拠調べの終了により事実認定に用いられる証拠が確定したことを踏まえて証拠構造を分析し直したり、事実認定過程を論じたりしていなかったりするものが散見された。

　弁護人の弁論の内容についても、従前は、検察官が重視している証言が信用できない理由を挙げ、検察官が重視している間接事実が認定できないことや推認力がないことなどを断片的に指摘し、被告人の公判供述が信用できる理由を挙げることに重点が置かれ、検察官が重視している証言の信用性を支えると評価されがちな証拠や事実の価値を論じたり、検察官が主張している個々の間接事実の推認力を検討して推認過程の問題点を論じたり、被告人の

公判供述と食い違っている証拠や事実が被告人供述の信用性を損なうものとはいえないことを論じたりしていないものが散見された。

　裁判員裁判における裁判官・裁判員の事実認定に関する評議においても、肯定方向に作用する証拠や事実を検討するとともに、否定方向に作用する証拠や事実も検討して結論を出していくのであるから、肯定方向に作用する証拠や事実のみを取り上げた論告も、否定方向に作用する証拠や事実のみを取り上げた弁論も、取り調べた証拠全体を見渡した証拠評価になっておらず、説得力がなく、検察官と弁護人の意見がかみ合っていないため、評議の道しるべとして利用しづらい。

　事実認定に関する評議の冒頭で裁判員の方々に対し、「裁判所は、まず、取り調べた証拠により公訴事実が認められるかどうかを判断しなければならないのですが、この点については、どのように考えますか」と検討事項を定めずに問いかけることは可能であるが、このような問いかけ方をすると、なかなか意見が出ず、裁判員の方々に順次意見を述べてもらっても、様々な事項に関する意見が出され、評議が漂流しかねず、検討事項を定めるだけでかなりの時間がかかってしまう。このような事態を避けるために、裁判長や裁判官が裁判員の1人から出された意見に乗って検討事項を定めたとしても、裁判員の方々は、裁判長や裁判官からその検討事項が重要であると示唆され、裁判長や裁判官の意見を押し付けられたと感じてしまうおそれがある。

　このようなことから、論告・弁論は、評議における検討事項と検討順序を定めるものとなっていることが求められる。そのためには、論告は、想定される弁論を踏まえた内容にすべきであり、弁論は、想定される論告を踏まえた内容で準備し、実際の論告に応じてかみ合うように若干の修正をしたものにすべきである。このような論告・弁論であれば、説得力があって分かりやすく、論告に沿って検討事項と検討順序を定め、弁論を対置させて評議を進めていくことができ、裁判員から意見が出される前に裁判長や裁判官が自分の意見を示唆する事態が避けられる。

---

コラム 2

### 〜〜 被害者の証人尋問と証言の信用性評価の留意点 〜〜

#### ① 被害者の証人尋問の留意点

　被害者の供述については、信用性が高い場合が多いとはいえ、被害者であっても、事実を正確に認識・記憶していないことがあり、不正確な内容になっていたり、さらには、犯人に対する敵意や悪感情、意識的・無意識的な自己保身等から、虚偽や誇張が織り交ぜられてしまったりすることもあることに留意しなければならない。

　このことを踏まえると、被害者の証人尋問で主尋問を行う検察官としては、公訴事実の立証に必要な範囲の事項とその信用性を確保する内容の証言を引き出せば足りると考えて尋問し、被害者が不正確な証言をしたり、誇張等を織り交ぜた証言をしたりしないように配慮すべきである。

　他方、反対尋問を行う弁護人は、そのような可能性がうかがわれないかをチェックする質問を検討すべきである。

#### ② 被害者証言の信用性評価の留意点

　被害者証言の信用性を評価する際にも、①で指摘した証言になっている可能性があることに留意して判断しなければならない。

　例えば、被告人が市役所において生活保護受給者等就労自立促進事業の職業相談として対応した市役所職員の左大腿部を右膝で 1 回蹴ったとして訴追された公務執行妨害の事件で、被害者及び目撃した市役所職員（被害者の部下）がこの事実を証言したのに対し、被告人は、蹴る振りをしただけで、膝が被害者の左ももに当たった記憶はないと供述している場合、被害者証言の信用性は、どのように判断すべきであろうか。

　このような事案で暴行を加えたという犯罪行為の客観的痕跡が残っていない場合、被害者証言の信用性評価は難しい。被害者証言が信用できる理由として、①被害者及び目撃した市役所職員には、偽証の処罰の危険を冒して被告人に不利な虚偽の証言をする動機がない、②両名の証言が具体的で自然か

つ合理的である、③両名の証言内容が相互によく符合しているといった指摘がなされることがある。

しかし、①については、被害者が公務員として適切に対応したと強調する中で被告人の行為を誇張するなどして証言しているおそれ等を考慮すると、さほど重視することはできない。②については、この程度の被害状況であれば、事実と異なった内容であっても、具体的で自然かつ合理的な証言をすることができる。③についても、被害者と目撃者は上司と部下であり、目撃者が被害者の話に合わせて証言している可能性が否定しきれない。したがって、これらのことから両者の証言の信用性が高いとは言い切れない。

このような場合、被害者証言が証拠上確実に認定できる事実と整合しているかどうかがその信用性評価の着目点になる。

前記事例において、公判審理で取り調べた証拠により、被告人は、職業相談を受けようと思って市役所に来たこと、被害者ら市役所職員から待つように言われたが、待っているうちに腹を立て、戻ってきた被害者らに不満を示したこと、その後、何らかの被告人の行為がきっかけになって被害者らが被告人を床に押さえ付けて暴れないようにした上で、警察官を呼んで被害を訴え、警察官がその場で被告人を逮捕したこと、被告人は、その行動を取った前後に、被害者らに対し「お前らみたいなのが気に入らないんだよ」と言っていることが確実な事実として認定できる場合、本件暴行に関する被害者らの証言が信用できるポイントは、このような証拠上確実に認められる事実と整合していることである。「具体的で自然かつ合理的」かどうかは、証拠上確実に認められる事実との関係で判断すべきである。

他方で、蹴る振りをしただけとの被告人の供述は、被害者らが一斉に被告人を押さえ付けたり、警察官を呼んで被害を訴えたりしたこととの関係で不自然な流れといえ、信用性が低いと評価できる。

97

## コラム3

### ～ 犯人識別供述の証拠評価と証人尋問の留意点 ～

　犯人識別供述については、「その知覚の正確性は、客観的条件（距離、明暗、時間等）、主観的条件（視力、観察の意識性等）、観察対象の特徴の存否と内容、観察対象の既知性等にかかっており、記憶の正確性は、犯人を目撃してから識別するまでの期間、犯人識別手続の適切さ（特に、捜査官による示唆、誘導の有無）等にかかっているなどと一般的に指摘されている」（池田ほか・刑事訴訟法講義496頁）。

　犯人識別に関する記憶は変容しやすく、変容したことに供述者自身気づかないものであるから、変容してしまった可能性があるときは、被告人が犯人であることを認定する直接証拠として用いることはできない（仙波厚ほか「犯人識別供述の信用性（司法研究報告書第49輯第2号）」（法曹会・1999）6頁参照）。犯人識別供述の信用性については、初期供述・初期選別の重要性がいわれており、最初に犯人と被告人の同一性を確認した時期や方法が重要である（同50頁参照）。

　目撃してから確認するまでに月日が経っていると、記憶が変容してしまっている可能性が否定できなくなる。まして、月日が余りたっていなくても、その間に同様の事件で被告人が逮捕されたといったニュースを見るなどして、記憶が変容してしまっていることもある。被害者や目撃者の証人尋問にあたっては、主尋問者も、反対尋問者も、このような観点からの検討を行っておく必要がある。

　例えば、被告人が、夜、高校生の被害者に追従して被害者方敷地内に侵入し、脅迫しながらカッターナイフを突き付けた上、下着内に手を差し入れてわいせつな行為をしたとして訴追された不同意わいせつ事件で、被告人が犯人性を否認する供述をしているのに対し、被告人が犯人であると被害者が証言した場合、被害者証言の信用性は、どのように判断すべきであろうか。

　このような事案では、被害者証言が犯人性の直接証拠といえるかどうかが問題になるが、①被害者が犯人の容ぼうを知覚、記憶できる視認状況であり、

被害直後、警察官に対し犯人の特徴について詳しく話していること、②数日後に警察官から「この写真帳の中に犯人がいるかどうかはまだ分かりません」などと説明を受けた上で、被害者供述の犯人の特徴と合致する数十人の顔写真が貼り付けられた写真帳を見せられ、被告人の顔写真を選び出しており、その識別に先入観を与えたり、不当な誘導をした状況がなかったこと、③1か月後に警察署の取調室にいる被告人の面通しをしたが、警察官が被害者に対し「犯人とは限らない」と言って、被害者にできるだけ予断を与えないような配慮をし、被害者も正確なことを伝えなければいけないと考え、真摯に犯人かどうかを確認し、取調室内にいる被告人を見て、目鼻の特徴等から絶対間違いないと思い、被告人を犯人と断言するに至ったものであることから、被害者の犯人識別供述の信用性は極めて高いなどと評価しがちである。

　しかし、写真面割における被害者の犯人識別供述が、被告人の顔写真を選び出していながら、「犯人は帽子をかぶっていたので、犯人によく似ているが、断定できない」というものであった場合、被告人を犯人と識別したとはいえない。このような供述をしている状況で、被告人が犯人かどうか確認させるため、被害者に対し取調室にいる被告人を見せるというのは、警察官から「犯人とは限らない」と注意を受け、被害者自身も慎重に判断しようと心がけたとしても、被害者に先入観等の不当な影響を与えかねない方法であり、被害者が被告人を犯人であると断定する供述をしても、その供述どおりの認定ができるほどの信用性はなく、被告人が犯人であるという被害者の証言を犯人性の直接証拠として、被告人が犯人であると認定することはできない。最初の犯人識別供述は、面通しのときであるが、写真面割で犯人によく似ている者として被告人の顔写真を見ていることにより犯人識別に関する記憶が変容してしまった可能性がある上、犯人と被告人の同一性を被害者に確認した方法が暗示性の強いものであり、被告人が犯人の容ぼう等を記憶していて被告人が本件犯人であると識別できたとは言い切れないからである。

　犯人識別に関する証人尋問においては、このように証人が捜査過程で犯人を識別する供述をしたといえるのかが問題になるので、検察官・弁護人・裁判所は、そのような観点から的確な証言を得られるようにし、直接証拠として用いることができない犯人識別供述を直接証拠と評価することがないよう

に留意すべきである。

　さらに、犯人識別供述が直接証拠として使えなくても、間接事実として証拠価値が高いことが多い。その推認力の強弱については、被告人の容ぼう等が犯人の容ぼう等と「極めてよく似ている」「よく似ている」「矛盾しない」などと表現できる。犯人識別に関する証人尋問にあたっては、主尋問者も、反対尋問者も、このような観点からどのような証拠価値がある証言になっているかを明確にする尋問が必要になることもあることを意識していなければならない。

# 第4章

評議・判決の実務

# I　評議の実務

## 1　評議の視点

　評議は、公判前整理手続で明確になった争点に関する判断事項を中心に行われることになるが、「国民の感覚を裁判に反映させる」という裁判員制度の目的は、争点に関する評議において裁判員同士や裁判員と裁判官が実質的な議論をして結論を導くのでなければ達成できない。そのような評議をして判決に至ったとき、裁判員の方々は、裁判に参加したとの手応えを感じ、司法に対する理解と信頼をより一層深めるものと思われる。

　裁判官と裁判員とで構成された合議体内で実質的な議論をして結論を導く評議を実現するためには、裁判官・裁判員が議論の土台になっている証拠を的確に把握していることが不可欠であり、それ故に裁判員にとって分かりやすい審理が求められることは、第3章Iで説明した。そして、裁判員の負担をできるだけ軽減しつつ、裁判員にとって分かりやすい審理を実現するためには、公判前整理手続で的確に争点と証拠を整理し、充実した審理計画を立てることが必要である。

　さらに、実質的な議論をして結論を導く評議を実現するため、合議体内においても、裁判官には、裁判員が発言しやすい雰囲気を作り、裁判員に対し的確な説明をし、適正に評議を運営することが求められる[34]。

---

[34]　裁判員規則50条は、「構成裁判官……は、評議において、裁判員から審理の内容を踏まえて各自の意見が述べられ、合議体の構成員の間で、充実した意見交換が行われるように配慮しなければならない。」と定めている。裁判官の裁判員に対する説明の在り方と評議への関わり方については、実質的協働に関する司法研究が、裁判官による裁判員への説明の対象となる事項を「説明事項」と呼称し、評議の対象となる「事実の認定」「法令の適用」「刑の量定」（裁判員法6①）を「協働事項」と呼称して区別し、模擬事例に沿って詳しく検討しているので、参照されたい。

## 2　評議に至る流れ

　裁判員等選任手続で裁判員・補充裁判員（以下、両者を「裁判員等」ともいう。）が選任された直後に、裁判長が裁判員等に対しそれぞれの権限と義務、証拠裁判主義、立証責任の所在、立証の程度について説明をした上（裁判員法39①、裁判員規則36。以下、「39条説明」という。）、裁判員等が宣誓し（裁判員法39②、裁判員規則37）、裁判員等選任手続が終了する。

　これにより、裁判官と裁判員との合議体が形成され、裁判員等が職務を開始することになる。裁判員・補充裁判員の方々は、裁判官とも他の裁判員等とも初対面であり、裁判所という堅苦しいイメージのある場所で重責を担うことになり、大半の方が緊張している。そのような状態では、裁判官の説明を聞いてもすっと理解できず、公判審理における当事者の主張・立証もなかなか頭に入ってこないということになりかねない。裁判員・補充裁判員の方々がその職責を十分に果たすためには、裁判官や他の裁判員等とできるだけ早く少しでも打ち解けた関係になり、緊張を和らげることが重要である。そのきっかけとして、裁判長が口火を切って自己紹介をするのがよいように思う。もちろん陪席裁判官が口火を切ってもよいが、裁判長や陪席裁判官が少し砕けた自己紹介をすると、裁判員・補充裁判員の方々の自己紹介もそれに倣って柔らかいものになり、その場の空気が和み、話しやすい雰囲気が醸し出され、裁判員等の緊張を多少なりとも和らげることになる。

　次に、裁判長は、裁判員等に対し、担当する事件に沿って当該裁判の目的を説明するとともに、当該裁判の審理計画を示し、公判審理の流れをイメージできるようにし、公判審理に立ち会って当事者の主張・立証を見聞きする視点を持てるようにする必要がある。

　また、公判審理が始まる前に裁判員・補充裁判員の方々を法廷に案内し、法廷におけるそれぞれの席を確認するとともに、入退廷の仕方を説明して、入退廷時に戸惑わないようにし、法壇から見た法廷の雰囲気もあらかじめ知っておいてもらうことにより、過度に緊張することなく公判審理に臨めるよ

うにするというような配慮も大事である。

　公判審理においては、審理内容の区切りに応じて概ね1時間前後ごとに休
憩時間を設けるべきである。公判審理が3日程度で終わる事件の場合、①冒
頭手続に続いて両当事者が冒頭陳述を行い、裁判所が公判前整理手続の結果
顕出をしたところまでで一つ目の区切りとし、②最初の人証前に行う証拠書
類や証拠物の取調べまでで二つ目の区切りとし、③その後は、各人証・被告
人質問ごとに、それぞれと関連しているためその前後で行うことにした証拠
書類や証拠物の取調べも含めて区切りとし、④最後に弁論手続を一つの区切
りとするのがよいように思われる。このような区切りごとに休廷して休憩を
取ることにより、裁判員・補充裁判員の方々が緊張から少し解放されてリフ
レッシュするとともに、休廷前の審理について質疑応答をしつつその内容を
確認し、休廷後の審理に臨む視点を整理することができる。さらには、休廷
前に取り調べたばかりの証拠の証明力について、暫定的な意見交換としての
中間評議を行い、必要に応じ39条説明でした刑事裁判のルール等について、
当該事案と公判審理の内容に沿って具体的に説明して、裁判員・補充裁判員
の方々にその後の証拠調べや論告・弁論に臨む視点を深めてもらうようにす
ることも、的確に証拠内容を把握し、自らの意見を形成する上で有益であろ
う。

　このような中間評議や裁判長の裁判員に対する説明が過度になると、裁判
員の方々は、裁判長が結論を出すことを急いているとか、自分たちを一定の
結論に誘導しようとしていると誤解しかねないので、そのような疑念を持た
れないように気を付けなければならないが、裁判員の方々が的確に証拠内容
を把握して自らの意見を形成することは、評議において実質的な議論をして
結論を導く前提であるから、評議に至る過程においても意を用いるべきであ
る。

## 3　説明の在り方

### (1)　39条説明の留意点

　裁判員等に対する裁判長の説明は、39条説明から始まる。その中で裁判員の権限も説明することになっているが、裁判員の権限は、刑事裁判の目的を達するために行使されるものであるから、まず刑事裁判の目的を説明しなければならない。具体的には、刑事裁判は検察官が起訴状という書面を裁判所に提出して被告人の処罰を求めることにより始まること、起訴状には被告人がある犯罪を行ったという検察官の主張が書いてあること、裁判はその主張が正しいかどうか、すなわち被告人が起訴状に書かれている犯罪を本当に行ったかどうかを判断し、有罪と判断したときは被告人にどのような刑を科すべきかを決めるために行われるものであることを説明することになる。

　裁判員等に対する説明は、正確になされるべきだと考えて、一度にたくさんの説明をすべきではない。そのような説明をすると、消化不良を起こしやすいからである。39条説明の内容についても、当該裁判の公判審理の進行に合わせ、当該事案に沿って説明した方が分かりやすく、重要な事項については、徐々に説明を詳しくしていき、裁判員等の理解を深めて行けばよいと考えるべきである。裁判員・補充裁判員の方々は、どのような流れで職務を果たしていくことになるのか分からず不安な気持ちから、説明を受ければその内容すべてをその場で理解し記憶にとどめなければならないと思いがちである。このことを踏まえて、39条説明をするに当たっては、今後、審理の進行に合わせ、事案に沿って詳しく説明すると伝え、不安な気持ちを和らげることが大事である。さらに、39条説明のポイントを記載したメモを配付すると、記憶にとどめようとの思いも弱まり、説明内容の理解に集中できるのではなかろうか。

### (2)　公判審理開始前の説明

　次に、公判審理が始まる前、裁判長は、裁判員等に対し、起訴状のコピーを見てもらいながら検察官の主張する犯罪事実の内容を公訴事実に沿って確

認した上、その事実が認められるかどうかを判断することが当該裁判の目的であることを説明するとともに、有罪と判断した場合は量刑判断も当該裁判の目的になるとした上で、公訴事実の罪の法定刑を示し、そのような刑を定めている法律の考え方である行為責任の原則についても簡単に説明するのが一般的であろう（裁判員法66⑤）。この段階では、行為責任の原則について、イメージしやすい例を用いて裁判員等の方々と対話しつつ説明し、説明内容は若干単純化するのがよいように思われる。例えば、殺人事件の場合、殺人罪の刑は「死刑」「無期懲役」又は「5年以上の懲役」と定められていると告げた上、窃盗罪の刑は「10年以下の懲役」又は「50万円以下の罰金」と定められていることを引き合いに出し[35]、どうしてこのような違いがあるのかを裁判員の方々にも考えてもらいながら、「やったことの悪さの程度によって法律が定めている刑が違っている」などと説明し、さらに、殺人罪に関しては死刑という極刑に処すことができるとしていながら、懲役5年に処すこともできるとしている理由についても、「殺人罪といっても、たくさんの人を殺した場合と1人を殺した場合ではやったことの悪さの程度は違うと考えると思う。本件で被告人のやった犯罪の悪さの程度について、どのような点に着目するか評議をしていくことになる」などと説明し、法律が行為責任の原則を採っていることを理解してもらうといった具合いである[36]。

　次に、裁判長は裁判員等に対し審理計画表を見てもらいながら公判審理の流れを説明するのが一般的であろう（当該事件の審理計画自体の説明については、裁判長に代わって陪席裁判官が行うこともある）。この説明で大事な

---

35　懲役刑と禁錮刑を一本化して拘禁刑とする改正法が成立しており、その施行日は2025年6月1日と定められたが、本書は施行前の現行法を前提に記述する。

36　行為責任の原則に基づいた量刑要素としての犯情は、第1章Ⅱ3で説明したとおり、当該事件で処罰の対象となっている犯罪行為により侵害される法益の種類やその侵害の程度・危険性に関するものと、そのような犯罪行為を行ったことに対する非難の程度に関するものに分けることができるが、この段階では、これらを分けて説明せずに、両者を併せて「悪さの程度」などと表現して単純化した説明にとどめておく方が、裁判員等の方々にとって理解しやすいのではなかろうか。

のは、公判審理が始まるまでに裁判官・裁判員に与えられている情報は起訴状だけであるという起訴状一本主義の考え方と、公判審理が冒頭手続から始まり、冒頭陳述を経て証拠を取り調べていき、最後に論告・弁論が行われるという段階を踏んで進められ、裁判官・裁判員に対し当該事件の争点とその判断のポイントが示され、証拠を見聞きする視点が提供され、証拠調べの結果に基づいた争点判断の考え方が示されるという審理構造を理解してもらうことである。このことを理解していないと、少なくない裁判員の方が、当事者双方の冒頭陳述の内容を一言一句漏らさずに聞き取ろうとして詳しいメモを取り、中には、その内容が証拠内容と考え、その内容に基づいて有罪・無罪の結論を口にしてしまうという事態を招きかねない。

(3)　公判前整理手続の結果顕出後の説明

　公判前整理手続の結果顕出後の休廷中、裁判長は、当事者双方の冒頭陳述と公判前整理手続における争点整理の結果を踏まえて、裁判員とともに当該事件の争点と争点判断のポイントを確認し、採用済み証拠の一覧表を見ながら次の切れ目までに取り調べる証拠がどのような位置付けのものかを説明するなどし、裁判員等の方々が次の証拠調べを見聞きする視点を持てるようにしなければならない。検察官の冒頭陳述は、第3章Ⅱで説明したとおり、公訴事実を抜き出してきた社会的事実がストーリーとして述べられ、当該事件の概要が示され、弁護人の冒頭陳述は、検察官の主張するストーリーの問題点を指摘したり、それとは異なったストーリーを主張したりし、そのような双方の冒頭陳述の中に当該事件の争点と争点判断のポイントが織り込まれていることにより、裁判官・裁判員がその後に取り調べられる証拠を見聞きする視点を持てるような内容になっていることが望ましく、そのようになっていれば、裁判員等は証拠調べを見聞きする視点が持ちやすい。

　また、この段階で、次に取り調べる証拠と争点判断との関係や人証との関係のほか、公訴事実については、争いのない事実であっても、検察官に立証責任があり、取り調べた証拠によって認定できるか判断しなければならない

という証拠裁判主義と立証責任の所在に関する補充的な説明もし、争いのない公訴事実と取り調べる証拠との関係も指摘しておく必要がある。

　さらに、有罪と判断した場合には、量刑判断をすることになるので、量刑要素になり得る事実という観点からも証拠を見聞きするように促す必要もある。その前提として、公訴事実の罪の法定刑がそのまま処断刑にならない事案においては、裁判官は、当事者双方の冒頭陳述を踏まえて、当該事件の処断刑の範囲を説明し、量刑評議で決めなければならない刑の幅を知ってもらうべきであろう。

(4)　証拠の取調べ過程における説明

　的確な把握が難しい証拠については、裁判長は、取調べ直後の休廷中に、裁判員等の方々が的確に証拠内容を把握できているか確認しておくべきである。特に人証や被告人質問については、その供述内容を正確に把握し、信用性等の証明力を適切に評価することが難しいことが多いので、その取調べ前に、争点判断との関係や取調べ済みの証拠との関係を確認し、供述内容を正確に把握し、証明力を適切に評価できる視点を作り、その取調べ後には、供述内容が的確に把握できているかを確認し、必要に応じて証明力に関する中間評議をしておくことが有益である。

(5)　弁論手続前の説明

　刑事裁判の目的である有罪・無罪の判断と量刑判断の前提になっている事実認定は、公判審理で取り調べられた証拠によって行われるのであるから、その基礎となる証拠資料は、弁論手続前に確定している。したがって、論告は、事実認定の基礎となるものとして確定した証拠資料に基づいて証拠構造を分析し、想定される弁論を踏まえるとともに、争点判断における論理構造と重要度に従って、証拠の証明力や間接事実の推認力の評価を論じ、争点事実の立証ができていることを論じるものであり、弁論は、論告で主張された証拠の証明力や間接事実の推認力の評価の問題点を指摘し、争点事実の立証ができていないことを論じるものであるといえ、論告・弁論は、共通の証拠

資料に基づいた主張としてかみ合ったものになっていて、第3章Ⅳ2で説明したとおり、争点に関する評議における検討事項と検討順序を定めるものになっていなければならない。

　このような論告・弁論の機能を踏まえて、裁判長は、弁論手続前の休廷中に、裁判員等に対し、裁判官・裁判員が議論して結論を出すのに用いることができる証拠はそれまでの公判審理で取り調べたものがすべてであること、そのことを踏まえて検察官は争点事実の立証ができていると考える理由を順序立てて述べ、弁護人はそれができていない理由を反論として述べるので、争点判断に関する各自の意見を整理したり深めたりする参考になることを説明し、裁判員等の方々が論告・弁論を聴きながら自らの意見を形成していけるように促すことが考えられる。裁判員等の方々の中には、取り調べた証拠以外にも証拠があるはずなのに、どうして取り調べられないのかなどと考えてしまい、取り調べた証拠だけで判断しなければならないと理解していながらも、そのことをしっかり受け止めて自らの意見形成に集中することができない方もいることに留意する必要がある。

## 4　評議の在り方

### (1)　事実認定に関する評議

　量刑判断の前提になっている事実認定だけでなく、有罪・無罪の判断の前提になっている事実認定についても、ほとんどの裁判員の方々が公判審理を経て抱いている心証は裁判官と異ならないというのが裁判員裁判に携わってきた実感である。裁判官は、多数の事件を担当して経験を積む中で、自らの心証を分析的に考え、証拠の証明力の評価や事実認定の過程について考えたことを的確に表現する能力を身に付けているが[37]、裁判員は、そのような訓練を積んでいないため、自らの心証を的確に表現することに慣れていないという違いがあるだけである。

　しかも、大方の事件は争点事実の認定過程がさほど複雑でないので、裁判

員の方々は自らの心証の形成過程を的確に表現して意見を述べることができる。しかし、争点事実の認定過程が複雑な事件においては、心証形成の理由を尋ねても、なかなか言葉が出てこなかったり、一生懸命説明しようとするが、うまく説明できなかったりする。このようなとき、裁判官は、裁判員の意見を注意深く聞き取り、その趣旨を的確に把握することが求められる。そのような姿勢で裁判員の意見を聞くと、その趣旨を的確につかむことができ、それを他の裁判員にも分かる表現に置き換えて、その裁判員に意見の趣旨を確認することが大事である。このようにすることによって、その裁判員の意見が評議の対象になり、議論が散漫にならず、一つの論点について、多くの裁判員から意見が出され、裁判官の考えも深まり、実質的な議論になっていくのである[38]。

　そのような評議をしていくために重要なのが論告・弁論である。論告・弁論が共通の証拠資料に基づいた主張としてかみ合っていて、争点に関する評議における検討事項と検討順序を定めるものになっていれば、論告に従った検討順序で、各検討事項について検察官の論告における主張を対象にし、弁

---

[37]　例えば、複数の間接事実から争点事実が推認できるかどうかを判断しなければならない事案では、裁判官は、自らの心証について、実質的協働に関する司法研究17頁に記載されている判断構造のイメージ図のような整理をし、間接証拠から間接事実が認定できるかどうかについて、間接証拠の証明力を検討し、再間接事実から間接事実が推認できるかどうかについて、再間接事実の推認力を検討し、争点事実の推認にかかわる複数の間接事実については、それぞれの間接事実の意味合いを考え、最も推認力が強い事実関係を検討して間接事実の内容を確定させた上、反対仮説を立ててみたり、その間接事実がないとしたら推認できるかどうかを自問してみたりして、その間接事実の重みを評価するという分析作業を言葉で行っており、判決で表現できる能力を身に付けているのではなかろうか。

[38]　裁判官は、自らの心証の分析作業を言葉で行っているが、評議に入る前から分析作業が完結していると考えるべきでなく、評議における裁判官・裁判員の議論を経て分析作業を完成させていくという柔軟な姿勢で評議に臨むべきである。評議での裁判員を交えた議論を通じて、自らの考えを深めることもできたとの思いから、裁判官に対して、「評議というのは、裁判員6名と裁判官3名が一つのチームとして一つの結論を出すために、自由に意見を出し合い、各自の考えを深めるものだ」というように説明していた。

護人の弁論における主張を踏まえて検察官の主張を評価するという方法により評議を順次進めることができる。しかし、実際には、事実認定が難しい事件ほどそのような論告・弁論になっていないことがある。その原因のほとんどは、公判前整理手続で適切な争点整理ができていないことにあるが、公判審理の過程でそのことに気づいたときは、検察官・弁護人は公判前整理手続における争点整理の結果を修正する意見を出すなどして、争点に関する評議の検討事項と検討順序を適切に定める論告・弁論を目指すべきであり、裁判長は検察官・弁護人に釈明を求めて、そのような論告・弁論がなされるよう軌道修正を図るべきである。そのような対応がなされないまま論告・弁論が行われ、論告・弁論に従って評議の検討事項と検討順序を定められない事態になった場合、裁判所は、当事者双方に攻撃防禦を尽くさせるために論告・弁論の問題点を指摘して補充の論告・弁論を行ってもらうということも検討しなければならない。そこまでの必要がないときは、裁判長は、論告や弁論における主張内容を引き合いに出すなどして検討事項や検討順序を定めて評議を進めていくほかなく、そのため検討順序が行きつ戻りつし、検討事項が散漫になることもやむを得ないのではなかろうか。当事者の主張内容や裁判員等の意見を引き合いにすることなく、裁判長が評議の検討事項や検討順序を定めてしまい、一定の結論に裁判員を誘導してしまったり、裁判員にそのような誤解を持たれたりしないように配慮しなければならない。

　争点事実の認定過程が複雑な事件の評議でも実質的な議論をしていくと、結論を導くポイントが何かということがだんだんはっきりしてきて意見がまとまってくるので、裁判長は、「皆さんの考えをまとめるとこういうことですかね」という形で、評議したことを整理してまとめていくことができ、その内容や表現に疑問があれば、裁判員からも異論が出されて再検討をすることになり、そのようなやり取りを重ねていくことにより、判決内容の大筋が確定してくるものである[39]。

(2)　評価的要件に関する評議

　判断基準が明確になっていない評価的要件に関する評議においては、第2章Ⅱ3⑷で説明したとおり、裁判長が裁判員に対しそれが要件になっている実質的な理由を分かりやすく説明するとともに、当該事案に適した考慮要素を例示しつつ考慮要素たる事実を総合してその要件へのあてはめをしていくことを説明した上、裁判官と裁判員が、当該事件ではどのような考慮要素が重要か、その考慮要素についてどのような事実が認められるかを検討していき、最終的には検討した考慮要素たる事実を総合すると、それが要件となっている実質的な理由を充たしているといえるかどうかの議論をして、結論を出すことになる。

　このような評議を円滑に進めていくために重要なのも、論告・弁論である。公判審理における証拠調べの結果に基づき、検察官は、どのような考慮要素を重視すべきか、それぞれの考慮要素についてどのような事実が認められるか、それらの事実が評価的要件へのあてはめに関してどのような意味合いを持っているかを主張すべきであり、弁護人は、これらの事柄に関する反論を提示すべきである。このような論告・弁論の実現のためには、公判前整理手続において、検察官・弁護人・裁判所は、第2章Ⅱ3⑷で指摘したような争点整理をしておかなければならないのである。

　論告・弁論において、漏れなく考慮要素が指摘され、考慮要素たる事実に関する主張が尽くされていることが期待されるとはいえ、裁判官は、当事者が触れていない事項も考慮要素にならないか、考慮要素たる事実が当事者によって的確にとらえ切れているかを検討し、評議をする視点として当事者が触れていない考慮要素等を提示することも念頭に置いておくべきである。

　論告・弁論が的確なものになっていない場合は、評議すべき考慮要素がな

---

39　裁判員法66条5項は、「裁判長は、第1項の評議において、裁判員に対して必要な法令に関する説明を丁寧に行うとともに、評議を裁判員に分かりやすいものとなるように整理し、裁判員が発言する機会を十分に設けるなど、裁判員がその職責を十分に果たすことができるように配慮しなければならない。」と定めている。

かなか定まらず、また、評議における検討順序も考慮要素の重要度どおりにならず、評議を円滑に行うことは難しいが、裁判長は、裁判員に不当な影響を及ぼしたり、裁判員に不信感を持たれたりしないように留意し、論告や弁論にわずかに表れている箇所を引き合いに出すなどして評議すべき考慮要素を検討し、その中でそれぞれの考慮要素の重要性についても評議していくほかない。

　また、判断基準が明確になっていない評価的要件については、裁判官は、評議において裁判員と一緒に評価的要件へのあてはめを行っていくことにより、当該事案における評価的要件の有無に関する自らの判断も確定させていくという側面があることを意識し、評議前の自らの考えにこだわりすぎることなく、裁判員の意見に耳を傾け、自らの考えを深め、結論を出していくという姿勢で評議に臨むべきである。

(3)　量刑に関する評議

ア　行為責任の原則の浸透方法

　量刑については、本章Ⅰ3(2)で説明したとおり、公判審理開始前の説明において、裁判長は裁判員等に対しその本質が行為責任であることを分かりやすく説明するのを皮切りに、審理過程においても、当該事件の争点や証拠調べの内容に即して行為責任の原則について裁判員等の方々と対話してそれぞれの理解度合いを見つつ徐々に詳しく説明するというのが一般的であろう。

　裁判員等の多くは、就任前から被害者や遺族の被害感情を量刑上過度に考慮することは妥当でないと考えているが、行為責任の原則について説明を受けることにより自らの考えに自信が持て、遺族の心情に関する意見陳述を聞いて涙を流していた裁判員の方が評議室に戻ってきて「我々は感情に流されて判断してはいけないんですよね」と言ってきたことがあった。裁判長は、このような機会を逃すことなく、他の裁判員等の方々を巻き込んで、量刑の在り方について対話しつつ、行為責任の原則の理解を深めていくべきである。このような手法を用いることにより、それぞれの事件の裁判員等の理解度合

いや考えに合わせて円滑に行為責任の原則の理解を深めることができ、裁判官から一定の考え方を押し付けられたとの不満を抱くことなく、評決の結果が自分の考えと異なった結論になったとしても、その結論を受け入れる気持ちになれるのではなかろうか。

　量刑評議を始めるにあたり行為責任の原則についてどの程度説明をするかは、それまでの説明等によりどの程度裁判員の理解が得られているかにかかっているが、簡単な確認で足りる程度にまで理解が進んでいれば、速やかに実質的な量刑評議に入ることができる。

　それでも量刑評議の過程で裁判員の方から量刑要素として一般情状事実[40]を重視する意見が出された場合には、裁判長は、再度、行為責任の原則を念頭に置いた対話と説明をし、合議体全体で量刑の本質を再確認すべきである。例えば、殺人事件において被害者の遺族の被害感情・処罰感情を過度に重視しているのではないかと思われる意見が出された場合には、裁判長が「殺人事件で、被害者に身寄りがないなど遺族がいない場合と、遺族がいて厳しい処罰感情を述べた場合で、量刑に大きく差を付けてもいいかどうか、どのように考えるか」などという問題提起をして考えてもらうといった具合いである[41]。このような問題提起をして合議体全体で意見を出し合いながら、必要に応じて裁判長が当該事案に即して行為責任の原則の説明を付け加えたりすると、遺族の被害感情・処罰感情を量刑上過度に考慮することは妥当でないということで意見がまとまり、行為責任の原則が更に裁判員に浸透していくものと思われる。

イ　量刑評議の進行方法

---

40　実務では、当該犯罪行為に関わる量刑事実を犯情と呼び、それ以外の量刑事実を一般情状と呼んできたが、両者は厳密に区別することなく使われてきたように思う（量刑評議に関する司法研究6頁参照）。現在では、行為責任の原則に基づいた当該犯罪行為に関する量刑事実を犯情と呼び、それ以外の量刑事実を一般情状と呼ぶようになっており（実質的協働に関する司法研究133頁参照）、本書でもこのような意味で用いている。

41　実質的協働に関する司法研究144頁でも、同様の取組みが紹介されている。

　量刑評議の構造は、行為責任の原則に基づいて当該犯罪行為に関する主要
な量刑事実を抽出して量刑要素としての意味合いと重みを評価し、その過程
で当該犯罪行為の属する社会的類型の犯情を分析し、裁判員量刑検索システ
ム[42]を用いて作成した量刑資料により当該社会的類型に関する量刑傾向を確
認し、それを参考にして当該犯罪行為の位置付けを検討し、評決により量刑
判断の結論を導いていくというものである[43]。

　したがって、量刑評議は、当該犯罪行為に関する主要な量刑事実の検討か
ら始めることになる。裁判長としては[44]、行為責任の原則を念頭に置いて犯
情と一般情状を区別し、犯情から検討することを提案することも考えられる
が、量刑上重視すべき事実について、裁判員の方々から意見を出してもらい、

---

[42]　裁判所で運用されている裁判員量刑検索システムの概要については、実質的協働に関
する司法研究131頁脚注246を参照されたい。

[43]　最判平成26年7月24日刑集68巻6号925頁は、「我が国の刑法は、一つの構成要件の中
に種々の犯罪類型が含まれることを前提に幅広い法定刑を定めている。その上で、裁判
においては、行為責任の原則を基礎としつつ、当該犯罪行為にふさわしいと考えられる
刑が言い渡されることになるが、裁判例が集積されることによって、犯罪類型ごとに一
定の量刑傾向が示されることになる。そうした先例の集積それ自体は直ちに法規範性を
帯びるものではないが、量刑を決定するに当たって、その目安とされるという意義をも
っている。量刑が裁判の判断として是認されるためには、量刑要素が客観的に適切に評
価され、結果が公平性を損なわないものであることが求められるが、これまでの量刑傾
向を視野に入れて判断がされることは、当該量刑判断のプロセスが適切なものであった
ことを担保する重要な要素になると考えられるからである。」と説示している。
　また、量刑評議に関する司法研究19頁は、一つの構成要件の中に含まれる種々の犯罪
類型を「社会的類型」と呼称し、「対象となる犯罪行為の社会的類型（ないし刑事学的
類型）を前提とし、そうした類型における量刑傾向を責任の枠の一つの目安としつつ、
さらに当該個別の事案において量刑判断のポイント・分岐点となる社会的実体をどのよ
うにみるかについて議論がなされ、最終的な刑の数量化が目指されることになる。」と
している。

[44]　裁判所法75条2項は、「評議は、裁判長が、これを開き、且つこれを整理する。」と定
めており、評議の取り仕切り・取りまとめは裁判長の職責であるとしている。この職責
を果たすためには、裁判長自身が評議の進行を行うのが最善であるが、裁判長が評議の
取り仕切り・取りまとめを行っていれば、評議の進行自体を陪席裁判官に委ねることも
許容されると解され、事案により陪席裁判官が評議の進行を行っている例もある。

一般情状と考えられてきた事実に関する意見が出された場合は、行為責任の原則にさかのぼり、その事実に犯情としての側面がないかどうかについて意見を交わし、その事実の量刑要素としての意味合いと重みを検討し、犯情と考えられてきた事実に関する意見が出された場合も、行為責任の原則の観点からその事実の量刑要素としての意味合いと重みを検討するなどして[45]、行為責任の原則の更なる浸透を図りつつ、それぞれの量刑事実を適切に評価していくという具合に評議を進めていくのがよいように思われる。

　量刑が争点になっている事件では、公判前整理手続において争点整理が適切に行われ、論告・弁論において量刑事実の存否・内容に争いがあるのか、量刑事実の量刑要素としての意味合いや重みに争いがあるのかについてかみ合った主張がなされれば、裁判員の方々は論告・弁論に沿って行為責任の原則に基づいた意見を述べることができ、円滑に充実した評議が行える。そのような論告・弁論になっていない場合でも、検察官・弁護人はそれぞれの立場から重視している量刑事実を主張しているので、裁判員の方々は論告・弁論を参考にして量刑上重視すべき事実について自らの意見を述べることができ、裁判員の方々から十分な意見が出てきていないと考えた裁判官は、論告・弁論の内容を引き合いにして量刑上重視すべき事実を評議の対象にすることができるので、裁判長が行為責任の原則の観点から量刑事実を適切に評価していくという視点を見失わずに柔軟に評議を進めることができれば、充実した評議が実現できるものと思われる。

---

45　犯情と考えられてきた事実、一般情状と考えられてきた事実、あるいはいずれかあいまいであった事実について、量刑評議に関する司法研究35頁以下では、「犯行態様」「結果」「動機」「犯行に至る経緯」「計画性」「被害者の落ち度」「犯罪の社会的影響」「被害者・遺族の被害感情」「被害感情の宥和」「被害回復・損害賠償（被害弁償）・示談」「犯行後の態度」「前科」「被告人が若年であること」「被告人の成育歴」等に分け、量刑評議において量刑要素の観点からどのような検討をすべきか詳しく論じており、量刑評議における検討内容として参考になるだけでなく、公判前整理手続における検察官・弁護人の主張や争点整理の在り方、さらには公判審理における論告・弁論の在り方の参考にもなる。

　主要な量刑事実とそれぞれの量刑要素としての意味合い・重みについて意見がまとまっても、それにより刑種、刑期等の量刑が定まるものではないので、裁判長は、行為責任の原則のもう一つの側面である量刑における公平さの重要性について裁判員の方々に理解を求める必要がある。量刑における公平さの重要性については、「同じような犯罪を行った2人がかなり重さに差のある処罰を受けることになってもいいのか」などと問い掛けると、そのような処罰はすべきでないという意見で一致する。量刑判断を意識して公判審理を見聞きしている裁判員等の中には、審理過程で量刑における公平さについて言及してくる方がいるが、そのような機会があれば、そのときにその重要性について合議体全体で対話しつつ裁判員等の理解を得ておくべきである。そのような機会がなければ、主要な量刑事実に関する評議を終えた段階で量刑における公平さの重要性について理解を求めるのが一般的であろう。

　現在の実務において量刑における公平さのより所にできる資料としては、裁判員量刑検索システムに基づいて作成された量刑分布グラフと事例一覧表しかない。このシステムは、各事件において量刑に影響を与えたすべての事実を入力するものではないが、主要な量刑事実が入力されており、主要な量刑事実に関する評議に基づき検索条件を適切に設定すれば、当該犯罪行為の属する社会的類型に関する量刑傾向が分かる量刑分布グラフが作成できるので、量刑評議においてはこのようにして作成された量刑分布グラフが量刑における公平さのより所として用いられている。量刑分布グラフ等の量刑資料を用いるにあたっては、これによって示される量刑傾向と自らの量刑意見にかなりの落差があると考える裁判員の方もいることを念頭に置いて、「我々は、量刑資料が示す量刑傾向に拘束されるものではないが、量刑における公平さも損なってはいけないので、量刑資料を参考にする必要がある」などと説明しておくべきである[46]。

---

[46]　量刑資料を用いる際の留意点については、実質的協働に関する司法研究134頁で詳しく検討しているので参照されたい。

　社会的類型は、犯行手口、動機・目的、被告人と被害者の関係等の共通性
から社会的に同一の犯罪類型と見られているものといえ（例えば、銀行強盗、
保険金目的殺人、嬰児殺）[47]、それ故に裁判官と裁判員が当該犯罪行為の犯
情を評価する際にその社会的類型と他の社会的類型を対比して検討すること
ができ、そのような検討により当該犯罪行為の犯情について適切に評価する
ことができるので、当該犯罪行為の属する社会的類型の量刑傾向が示されれ
ば、その量刑傾向の中における当該犯罪行為の位置付けができることもある。
しかし、量刑分布グラフで示された量刑の幅が広い場合には、量刑分布グラ
フだけで当該犯罪行為の位置付けを判断することが難しいので、事例一覧表
の中から重い量刑の事例と軽い量刑の事例の事案内容を紹介し、必要があれ
ば、中間の量刑事例も紹介し、当該量刑分布グラフにおける当該犯罪行為の
位置付けがしやすいようにするのが一般的であろう。また、社会的類型を構
成する量刑事実だけでは量刑分布グラフの量刑の幅が広がりすぎる場合には、
評議において主要な量刑事実とされた他の事項も検索条件に加えて作成した
量刑分布グラフが用いられている。

　このように評議を進めてくると、合議体を構成する各裁判官・裁判員の量
刑意見は、さほど差がない幅に収まっていることが多い。しかし、評決の結
果、量刑意見に相当の隔たりが出た場合、行為責任の原則、特に量刑におけ
る公平さの重要性の説明が不十分であったり、量刑事実の評価、当該犯罪行
為に関する量刑傾向の理解、その量刑傾向における当該犯罪行為の位置付け
等に関する評議が不十分であったりした可能性がある。量刑意見にさほどの
隔たりがなくても、本来評議により量刑意見が一致するに至ることが望まし
いのであるから、一通り評議を終えた段階で各裁判官・裁判員がその時点に
おける量刑意見を表明し、量刑意見にどの程度の隔たりがあるか互いに確認

---

47　実質的協働に関する司法研究131頁脚注245では、「社会的類型は、量刑評議を円滑に
　進めるための、刑事学的な特徴に着目した実践的な道具概念」であると説明しているが、
　その意味するところは本文と同趣旨と思われる。

し、その状況に応じてその相違が何に由来するのかという観点から合議体全体で意見を交わし、それぞれの量刑意見を再考する機会を設けるべきであり、そのような進行方法が広く取られていると思われる。このような進行方法を取る場合に留意しなければならないのは、裁判長による行為責任の原則に関する説明がくどくなったり、評議がそれまでの議論の蒸し返しになったりして、裁判長が裁判員の方々を一定の結論に誘導しようとしていると受け取られることがないようにするということである。そのために、裁判長は、量刑意見に隔たりが生じている理由を的確に分析し、それまでの評議とは別の切り口で説明し、意見が交わされるように工夫すべきであり、また、このような工夫をして的を絞った適度の説明と評議を行った後は、評決で結論を出すほかないと考えるべきである。

## Ⅱ　判決の実務

### 1　判決書の作成

　判決は、公判廷において宣告により告知しなければならないが（刑訴法342）、判決の宣告は、あらかじめ判決書を作成した上でこれに基づいて行うことを要しない（最判昭和25年11月17日刑集 4 巻11号2328頁。刑訴規則53ないし55参照）。刑事裁判では、判決書の草稿に基づいて判決宣告をすることも許容されるので、裁判員裁判においては、裁判員の負担を少しでも軽減するため職務従事期間をできるだけ短くするという配慮から、判決書の草稿に基づいて判決宣告を行うことが多いのではなかろうか。

　そうは言っても、判決内容は裁判官と裁判員との評議によって確定していなければならず、判決書はその判決内容を記載したものであるから、判決宣告に用いる判決書草稿は、判決書としてほぼ完成したものになっていなければならず、宣告した判決内容の実質に影響しない範囲で誤字・脱字、明らか

な誤記等を訂正して完成させられるものでなければならない。有罪判決の理由として示すべき事項の証拠の標目、法令の適用、累犯前科等についても（刑訴法335）、判決宣告用の判決書草稿に記載していなければならず、判決宣告前に裁判員の方々に対してそれらの記載の意味内容について説明し了承を得るべきである。専門的・技術的な内容であるとして裁判員の方々に対する説明を省いたりしてはならない。評議は、争点に関する判断事項を中心に行うので、評議では、罪となるべき事実で認定すべき犯行態様等が詰められていなかったり、証拠の標目に挙げるべき証拠の範囲があいまいであったり、法令の適用に影響する判断が確定していなかったりすることがある。判決書草稿を詰めていく過程でそれらのことに気づけば、判決宣告により裁判員の任務が終了した後に判決書草稿に実質的な変更を加える必要があることを発見するといった事態を回避できる。

## 2　判決理由の在り方

　刑事裁判の目的は、検察官が公訴事実として特定した犯罪事実について有罪か否かと、有罪の場合にはどのような量刑が相当かを判断することにあるから、判決は、これらの結論を示し、その理由を説明するものといえる。

　有罪判決の理由については、所定の事項を判示しなければならないが（刑訴法335）、それらの事項以外にどのような説示をすべきかは明示されておらず、無罪判決の理由については、判示すべき内容が具体的に定められていない（同法44①）。しかし、裁判を受ける当事者に対して判断結果とその根拠を示すという判決の刑事裁判上の役割からすると、主文として示した結論を導いた判断過程と判断内容を当事者に分かる程度に説明しなければならず、それで足りるといえよう。

　判決の理由としてこのような説明をしなければならないのであるから、評議においてその説明内容を確定させていかなければならない。本章Ⅰ4で事実認定に関する評議と量刑評議の在り方について詳しく説明したが、それは

判決理由の説明内容を確定させていくことを念頭に置いたものである。検察官・弁護人が説得力のある論告・弁論を行い、双方の主張がかみ合ったものになっていれば、争点に関する評議は、論告に沿って検討事項と検討順序を定め、弁論を対置させて評議を進めることができ、争点に関する判決理由は、そのようにして行われた評議の過程と内容の大筋をまとめれば、争点判断の結論を導いた判断過程と判断内容が当事者に分かる程度の説明になるはずである。論告・弁論がそのようなものになっておらず、評議において検討順序が行きつ戻りつし、検討事項が散漫になった場合には、評議をまとめる際に争点判断の結論を導いた判断過程と判断内容の論理的筋道を整理して合議体全体の確認を取り[48]、裁判官は、その確認に基づいて評議内容の要点をまとめた判決起案をすべきである。

## 3　多数意見による理由の説示

評議において争点判断の結論は一致したが、その結論を導く理由について意見が分かれて一致しないということもあり得る。このような場合、判決理由は、多数意見により説明することになると考えられる[49]。

捜査段階の自白がある殺人事件で殺人の故意の有無が争点になった場合、

---

[48]　このような確認をせずに判決起案をすると、裁判官は、評議で出ていた意見を手掛かりにして自らが考えた論理的筋道に従って判断内容を付け加え、判断過程を整理してしまい、その結果、判決理由が評議した内容よりも詳しいものになってしまいかねないのではなかろうか。そのようにして作成した判決原稿を裁判員の方々に閲読してもらい、評議が反映されているか確認を取ると、その内容が明らかにおかしいと感じなければ、裁判員の方々が異論を述べることはないと思われる。しかし、そのことによりその判決原稿どおりの評議が行われたと見ることはできないし、そのような対応をすると、裁判員の方々は、争点判断の理由については裁判官の考えを押し付けられたと感じるのではなかろうか。

[49]　裁判員法67条 1 項は、「前条第 1 項の評議における裁判員の関与する判断は、裁判所法第77条の規定にかかわらず、構成裁判官及び裁判員の双方の意見を含む合議体の員数の過半数の意見による。」と定めているが、この規定は、判断の結論に関するものであり、判断理由には及ばないと考えられる。

　検察官は、通常、捜査段階の被告人の自白を直接証拠とし、他の証拠を補助
証拠としてその信用性を立証するという立証構造で主張・立証を組み立てて
くる。一方、多くの裁判官は、経験を積む中で、捜査段階の被告人の自白に
ついて、その任意性や信用性を的確に判断することは難しく、事実認定を誤
る危険があると考えているため、自白以外の証拠から争点に関してどのよう
な間接事実が認められるか検討し、間接事実により争点事実が推認できるの
であれば、被告人の自白以外の証拠により争点に関する判断理由を示してき
た。

　ところが、そのような事案であっても、裁判員の方々は、間接事実による
推認という経験則を用いた思考方法に慣れておらず、間接事実により殺人の
故意が推認できるかどうかの判断に迷い、捜査段階の被告人の自白があると、
間接事実を認定する間接証拠を補助証拠としてとらえ、被告人の自白が信用
できると考えて意見を述べることがある。そのようなときには、間接証拠に
より間接事実がいかに確実に認定でき、間接事実によりいかに確実に争点判
断ができるのかという観点や、捜査段階の被告人の自白に依拠した事実認定
にどのような問題があるかといった観点から、評議を尽くすべきであるが、
そのような評議を行っても、殺人の故意が認められるとの結論は一致するも
のの、その理由については、間接事実による推認ではなく、被告人の自白が
直接証拠として信用できるとの意見が多数であった場合、多数意見に基づい
て判決理由を説明することになる。事実認定の理由についても、評議を尽く
してできるだけ一致することが望ましいとは言え、結論が一致しているのに、
事実認定の理由について、評議に時間をかけすぎると、裁判員の方々の中に
は裁判長が自分の意見を押し付けようとしていると感じる者も出て来るので、
気を付けなければならない。

　判決を受ける当事者や当該事件の控訴審の裁判官は、判決理由が多数意見
に従ったものである可能性もあることを念頭に置いておく必要がある。

# 司法制度改革審議会意見書（抄）

## ― 21世紀の日本を支える司法制度 ―

平成13年 6 月12日

司法制度改革審議会

# は じ め に

　司法制度改革審議会は、「21世紀の我が国社会において司法が果たすべき役割を明らかにし、国民がより利用しやすい司法制度の実現、国民の司法制度への関与、法曹の在り方とその機能の充実強化その他の司法制度の改革と基盤の整備に関し必要な基本的施策について調査審議する」（司法制度改革審議会設置法〈平成11年法律第68号〉第2条第1項）ことを目的として、平成11年7月、内閣の下に設置された。

　当審議会は、発足以来、延べ60回を超える会議を開催してきたが、今後、ますます複雑・多様化する我が国社会においては司法機能の充実が不可欠となることを深く認識するとともに、国民に身近で利用しやすく、その期待と信頼に応えうる司法制度を実現すべきとの視点を常に念頭に置きながら、改革の諸方策について調査審議を進めた。

　調査審議においては、初めに当審議会の問題意識や議論すべき項目を整理し、「司法制度改革に向けて−論点整理−」として取りまとめ（平成11年12月）、その後はこれに掲げた論点ごとに調査審議を進めた。その順序については、司法の機能の充実・強化のためには、質・量ともに豊かな法曹を得ていくことが不可欠であるとの認識に立ち、法曹の圧倒的多数を占める弁護士を含め司法の人的体制の充実の必要性や法曹養成制度の在り方等の人的基盤に関する問題をまず検討し、それについて一定の方向性を得た上で、制度的基盤に係る諸課題について順次議論を行った。そして、平成12年11月には、それまでの審議結果を整理し、各課題ごとに検討の基本的方向性についての考え方を取りまとめ、「中間報告」として公表するとともに、内閣にこれを提出した。「中間報告」に対しては、各界各層から様々な意見が多数寄せられ、当審議会は、それらをも踏まえた上で、各課題について更に深く掘り下げて議論を重ねた。

　また、会議と並行して、郵送や電子メールによる意見や要望を受け付けるとともに、全国4箇所（東京、大阪、福岡、札幌）で公聴会を開催するなど、常に司法制度の利用者である国民の声を審議に反映させるよう意を用いてきた。特に、民事訴訟の利用者を対象として実施した大規模な面接調査は、我が国では初めての試みであり、訴訟制度に対する利用者の評価を実証的に把握することができた。さらに、司法制度の現状を的確に把握するため、各地方の司法機関等の実情を視察し、現場の意見を聴いた

司法制度改革審議会意見書（抄）

ほか、諸外国の司法制度についての理解を深めるため、現地（米、英、独、仏）に赴き、各国の実情を視察するとともに司法関係者との意見交換を行った。

　以上のような調査審議を経て、司法制度改革に関する結論を得るに至り、ここに司法制度改革審議会設置法第2条第2項に基づき、当審議会の「意見」を内閣に提出するものである。当審議会としては、本意見において、未来への可能性に満ちた我が国社会を支える基盤となる司法制度の姿を、明確に描き出すことができたものと自負している。本意見は、内閣に対する意見であると同時に、国民各位に対して当審議会が発するメッセージでもある。国民各位の幅広い理解と支持が得られ、当審議会が本意見で提言する諸改革が力強く推進され、目指すべき理想の司法制度が早期に実現されることを切望する次第である。

# I　今般の司法制度改革の基本理念と方向

　民法典等の編さんから約百年、日本国憲法の制定から五十余年が経った。当審議会
は、司法制度改革審議会設置法により託された調査審議に当たり、近代の幕開け以来
の苦闘に充ちた我が国の歴史を省察しつつ、司法制度改革の根本的な課題を、「法の
精神、法の支配がこの国の血肉と化し、『この国のかたち』となるために、一体何を
なさなければならないのか」、「日本国憲法のよって立つ個人の尊重（憲法第13条）と
国民主権（同前文、第1条）が真の意味において実現されるために何が必要とされて
いるのか」を明らかにすることにあると設定した。

　法の精神、法の支配がこの国の血となり肉となる、すなわち、「この国」がよって
立つべき、自由と公正を核とする法（秩序）が、あまねく国家、社会に浸透し、国民
の日常生活において息づくようになるために、司法制度を構成する諸々の仕組みとそ
の担い手たる法曹の在り方をどのように改革しなければならないのか、どのようにす
れば司法制度の意義に対する国民の理解を深め、司法制度をより確かな国民的基盤に
立たしめることになるのか。これが、当審議会が自らに問うた根本的な課題である。

　我が国は、直面する困難な状況の中にあって、政治改革、行政改革、地方分権推進、
規制緩和等の経済構造改革等の諸々の改革に取り組んできた。これら諸々の改革の根
底に共通して流れているのは、国民の一人ひとりが、統治客体意識から脱却し、自律
的でかつ社会的責任を負った統治主体として、互いに協力しながら自由で公正な社会
の構築に参画し、この国に豊かな創造性とエネルギーを取り戻そうとする志であろう。
今般の司法制度改革は、これら諸々の改革を憲法のよって立つ基本理念の一つである
「法の支配」の下に有機的に結び合わせようとするものであり、まさに「この国のか
たち」の再構築に関わる一連の諸改革の「最後のかなめ」として位置付けられるべき
ものである。この司法制度改革を含む一連の諸改革が成功するか否かは、我々国民が
現在置かれている状況をどのように主体的に受け止め、勇気と希望を持ってその課題
に取り組むことができるかにかかっており、その成功なくして21世紀社会の展望を開
くことが困難であることを今一度確認する必要がある。

司法制度改革審議会意見書（抄）

# 第1　21世紀の我が国社会の姿

　　国民は、重要な国家機能を有効に遂行するにふさわしい簡素・効率的・透明な政府
を実現する中で、自律的かつ社会的責任を負った主体として互いに協力しながら自由
かつ公正な社会を築き、それを基盤として国際社会の発展に貢献する。

　我が国が取り組んできた政治改革、行政改革、地方分権推進、規制緩和等の経済構
造改革等の諸改革は、何を企図したものであろうか。それらは、過度の事前規制・調
整型社会から事後監視・救済型社会への転換を図り、地方分権を推進する中で、肥大
化した行政システムを改め、政治部門（国会、内閣）の統治能力の質（戦略性、総合
性、機動性）の向上を目指そうとするものであろう。行政情報の公開と国民への説明
責任（アカウンタビリティ）の徹底、政策評価機能の向上などを図り、透明な行政を
実現しようとする試みも、既に現実化しつつある。

　このような諸改革は、国民の統治客体意識から統治主体意識への転換を基底的前提
とするとともに、そうした転換を促そうとするものである。統治者（お上）としての
政府観から脱して、国民自らが統治に重い責任を負い、そうした国民に応える政府へ
の転換である。こうした社会構造の転換と同時に、複雑高度化、多様化、国際化等が
より一層進展するなど、内外にわたる社会情勢も刻一刻と変容を遂げつつある。この
ような社会にあっては、国民の自由かつ創造的な活動が期待され、個人や企業等は、
より主体的・積極的にその社会経済的生活関係を形成することになるであろう。

　21世紀にあっては、社会のあらゆる分野において、国境の内と外との結び付きが強
まっていくことになろう。驚異的な情報通信技術の革新等に伴って加速度的にグロー
バル化が進展し、主権国家の「垣根」が低くなる中で、我が国が的確かつ機敏な統治
能力を発揮しつつ、「国際社会において、名誉ある地位」（憲法前文）を占めるのに必
要な行動の在り方が不断に問われることになる。我が国を見つめる国際社会の眼が一
層厳しくなっていくであろう中で、我が国がこの課題に応えていくことができるかど
うかは、我々がどのような統治能力を備えた政府を持てるかだけでなく、我々の住む
社会がどれだけ独創性と活力に充ち、国際社会に向かってどのような価値体系を発信
できるかにかかっている。国際社会は、決して所与の秩序ではない。既に触れた一連
の諸改革は、ひとり国内的課題に関わるだけでなく、多様な価値観を持つ人々が有意

的に共生することのできる自由かつ公正な国際社会の形成に向けて我々がいかに積極的に寄与するかという希求にも関わっている。

　このようにして21世紀において我々が築き上げようとするもの、それは、個人の尊重を基礎に独創性と活力に充ち、国際社会の発展に寄与する、開かれた社会である。

## 第2　21世紀の我が国社会において司法に期待される役割

### 1．司法の役割

　**法の支配の理念に基づき、すべての当事者を対等の地位に置き、公平な第三者が適正かつ透明な手続により公正な法的ルール・原理に基づいて判断を示す司法部門が、政治部門と並んで、「公共性の空間」を支える柱とならなければならない。**

　司法は、具体的事件・争訟を契機に、法の正しい解釈・適用を通じて当該事件・争訟を適正に解決して、違法行為の是正や被害を受けた者の権利救済を行い、あるいは公正な手続の下で適正かつ迅速に刑罰権を実現して、ルール違反に対して的確に対処する役割を担い、これを通じて法の維持・形成を図ることが期待されている。したがって、司法機能は公共的価値の実現という側面を有しており、裁判所（司法部門）は、多数決原理を背景に政策をまとめ、最終的に法律という形で将来に向って規範を定立し執行することを通じて秩序形成を図ろうとする国会、内閣（政治部門）と並んで、「公共性の空間」を支える柱として位置付けられる。

　法の下ではいかなる者も平等・対等であるという法の支配の理念は、すべての国民を平等・対等の地位に置き、公平な第三者が適正な手続を経て公正かつ透明な法的ルール・原理に基づいて判断を示すという司法の在り方において最も顕著に現れていると言える。それは、ただ一人の声であっても、真摯に語られる正義の言葉には、真剣に耳が傾けられなければならず、そのことは、我々国民一人ひとりにとって、かけがえのない人生を懸命に生きる一個の人間としての尊厳と誇りに関わる問題であるという、憲法の最も基礎的原理である個人の尊重原理に直接つらなるものである。

　身体にたとえて、政治部門が心臓と動脈に当たるとすれば、司法部門は静脈に当たると言えよう。既に触れた政治改革、行政改革等の一連の改革は、いわば心臓と動脈

の余分な附着物を取り除き、血液が勢いよく流れるよう、その機能の回復・強化を図ろうとするものである。この比喩によるならば、司法改革は、従前の静脈が過小でなかったかに根本的反省を加え、21世紀のあるべき「この国のかたち」として、その規模及び機能を拡大・強化し、身体の調和と強健化を図ろうとするものであると言えよう。

　憲法は、国会、内閣と並んで、裁判所を三権分立ないし抑制・均衡システムの一翼を担うにふさわしいものとすべく、民事事件、刑事事件についての裁判権のほか行政事件の裁判権をも司法権に含ませ、更に違憲立法審査権を裁判所に付与した（第81条）。裁判所は、これらの権限の行使を通じて、国民の権利・自由の保障を最終的に担保し、憲法を頂点とする法秩序を維持することを期待されたのである。裁判所がこの期待に応えてきたかについては、必ずしも十分なものではなかったという評価も少なくない。前記のように、静脈の規模及び機能の拡大・強化を図る必要があるという場合、その中に、立法・行政に対する司法のチェック機能の充実・強化の必要ということが含まれていることを強調しておかなければならない。

　行政に対する司法のチェック機能については、これを充実・強化し、国民の権利・自由をより実効的に保障する観点から、行政訴訟制度を見直す必要がある。このことは個別の行政過程への不当な政治的圧力を阻止し、厳正な法律執行を確保しつつ、内閣が戦略性、総合性、機動性をもって内外の諸課題に積極果敢に取り組むという行政府本来の機能を十分に発揮させるためにも重要である。

　違憲立法審査制度については、この制度が必ずしも十分に機能しないところがあったとすれば、種々の背景事情が考えられるが、違憲立法審査権行使の終審裁判所である最高裁判所が極めて多くの上告事件を抱え、例えばアメリカ連邦最高裁判所と違って、憲法問題に取り組む態勢をとりにくいという事情を指摘しえよう。上告事件数をどの程度絞り込めるか、大法廷と小法廷の関係を見直し、大法廷が主導権をとって憲法問題等重大事件に専念できる態勢がとれないか、等々が検討に値しよう。また、最高裁判所裁判官の選任等の在り方についても、工夫の余地があろう。

　いずれにせよ、21世紀の我が国社会にあっては、司法の役割の重要性が飛躍的に増大する。国民が、容易に自らの権利・利益を確保、実現できるよう、そして、事前規制の廃止・緩和等に伴って、弱い立場の人が不当な不利益を受けることのないよう、国民の間で起きる様々な紛争が公正かつ透明な法的ルールの下で適正かつ迅速に解決

される仕組みが整備されなければならない。21世紀社会の司法は、紛争の解決を通じて、予測可能で透明性が高く公正なルールを設定し、ルール違反を的確にチェックするとともに、権利・自由を侵害された者に対し適切かつ迅速な救済をもたらすものでなければならない。このことは、我が国の社会の足腰を鍛え、グローバル化への対応力の強化にも通じよう。

## 2. 法曹の役割

**国民が自律的存在として、多様な社会生活関係を積極的に形成・維持し発展させていくためには、司法の運営に直接携わるプロフェッションとしての法曹がいわば「国民の社会生活上の医師」として、各人の置かれた具体的な生活状況ないしニーズに即した法的サービスを提供することが必要である。**

制度を活かすもの、それは疑いもなく人である。上記のような21世紀の我が国社会における司法の役割の増大に応じ、その担い手たる法曹（弁護士、検察官、裁判官）の果たすべき役割も、より多様で広くかつ重いものにならざるをえない。司法部門が政治部門とともに「公共性の空間」を支え、法の支配の貫徹する潤いのある自己責任社会を築いていくには、司法の運営に直接携わるプロフェッションとしての法曹の役割が格段と大きくなることは必定である。

国民が、自律的存在として主体的に社会生活関係を形成していくためには、各人の置かれた具体的生活状況ないしニーズに即した法的サービスを提供することができる法曹の協力を得ることが不可欠である。国民がその健康を保持する上で医師の存在が不可欠であるように、法曹はいわば「国民の社会生活上の医師」の役割を果たすべき存在である。

法曹が、個人や企業等の諸活動に関連する個々の問題について、法的助言を含む適切な法的サービスを提供することによりそれらの活動が法的ルールに従って行われるよう助力し、紛争の発生を未然に防止するとともに、更に紛争が発生した場合には、これについて法的ルールの下で適正・迅速かつ実効的な解決・救済を図ってその役割を果たすことへの期待は飛躍的に増大するであろう。

また、21世紀における国際社会において、我が国が通商国家、科学技術立国として

生きようとするならば、内外のルール形成、運用の様々な場面での法曹の役割の重要性が一段と強く認識される。とりわけますます重要性の高まる知的財産権の保護をはじめ、高度な専門性を要する領域への的確な対応が求められるとともに、国際社会に対する貢献として、アジア等の発展途上国に対する法整備支援を引き続き推進していくことも求められよう。

　21世紀における、以上のような役割を果たすためには、法曹が、法の支配の理念を共有しながら、今まで以上に厚い層をなして社会に存在し、相互の信頼と一体感を基礎としつつ、それぞれの固有の役割に対する自覚をもって、国家社会の様々な分野で幅広く活躍することが、強く求められる。


## ３．国民の役割

　**統治主体・権利主体である国民は、司法の運営に主体的・有意的に参加し、プロフェッションたる法曹との豊かなコミュニケーションの場を形成・維持するように努め、国民のための司法を国民自らが実現し支えなければならない。**


　司法がその求められている役割をいかんなく遂行するためには、国民の広い支持と理解が必要である。政治改革・行政改革等を通じて政治部門の統治能力の質が向上するに伴い、政治部門の国民に対する説明責任も重くなる。同様に、司法部門も、司法権の独立に意を用いつつも、国民に対する説明責任の要請に応え、国民的基盤を確立しなければならない。司法は、その行動が、国民にとって、見えやすく、分かりやすく、頼りがいのあるものであって、初めてその役割を十全に果たすことができるのである。

　司法が国民的基盤を確保するためには、法曹が、国民から信頼を得ていなければならない。信頼の源は、法曹が、開かれた姿勢をもって、国民の期待に応える司法の在り方を自覚的に作り上げていくことにある。法曹は、国民に対する説明責任の重みと、国民にとってより良い司法を確立する高度の責任を自覚しつつ、進んでこれらを果たしていかなければならない。

　そのために、法曹は、不断に自らの質を高めながら、プロフェッションとして国民との豊かなコミュニケーションを確保する中で、良き社会の形成に向けての国民の主

体的・自律的な営みに貢献しなければならない。他方、国民は、司法の運営に主体的・有意的に参加し、プロフェッションたる法曹との豊かなコミュニケーションの場を形成・維持するように努め、司法を支えていくことが求められる。21世紀のこの国の発展を支える基盤は、究極において、統治主体・権利主体である我々国民一人ひとりの創造的な活力と自由な個性の展開、そして他者への共感に深く根ざした責任感をおいて他にないのであり、そのことは司法との関係でも妥当することを銘記すべきであろう。

## 第3　21世紀の司法制度の姿

### 1．司法制度改革の三つの柱

　当審議会が本意見で提起する諸改革は、内外の社会経済情勢が大きく変容している中で、我が国において司法の役割の重要性が増大していることを踏まえ、司法制度の機能を充実強化することが緊要な課題であることにかんがみ、次の三点を基本的な方針として、各般の施策を講じることにより、我が国の司法がその役割を十全に果たすことができるようにし、もって自由かつ公正な社会の形成に資することを目標として行われるべきものである。

　第一に、「国民の期待に応える司法制度」とするため、司法制度をより利用しやすく、分かりやすく、頼りがいのあるものとする。

　第二に、「司法制度を支える法曹の在り方」を改革し、質量ともに豊かなプロフェッションとしての法曹を確保する。

　第三に、「国民的基盤の確立」のために、国民が訴訟手続に参加する制度の導入等により司法に対する国民の信頼を高める。

### 2．21世紀の司法制度の姿

#### (1)　国民の期待に応える司法制度の構築（制度的基盤の整備）

　国民にとって、より利用しやすく、分かりやすく、頼りがいのある司法とするため、

司法制度改革審議会意見書（抄）

**国民の司法へのアクセスを拡充するとともに、より公正で、適正かつ迅速な審理を行い、実効的な事件の解決を可能とする制度を構築する。**

　民事司法については、国民が利用者として容易に司法へアクセスすることができ、多様なニーズに応じた適正・迅速かつ実効的な救済が得られるような制度の改革が必要である。

　まず、訴訟事件について、利用者が適正・迅速かつ実効的な救済が得られるよう、審理の内容を充実させて、現在の審理期間をおおむね半減することを目標とする。そのために、審理計画を定めるための協議を義務付けて計画審理を推進し、証拠収集手続を拡充するとともに、専門的知見を要する事件について、鑑定制度の改善を図るほか、専門家が訴訟手続へ参加する新たな制度を導入する。特に、知的財産権関係訴訟については、東京・大阪両地方裁判所の専門部の処理体制を一層強化し、実質的に特許裁判所として機能させる。個別労使関係事件を中心に増加が顕著となっている労働関係事件についても、労働調停を導入するなど対応強化のための方策を講じる。家庭裁判所・簡易裁判所については、管轄の見直しを含め、その機能の充実を図る。また、権利実現の実効性を確保するため、民事執行制度改善のための新たな方策を導入する。そして、司法へのアクセスを拡充するため、利用者の費用負担の軽減、民事法律扶助の拡充、司法に関する総合的な情報提供を行うアクセス・ポイントの充実等を図る。さらに、国民が、訴訟手続以外にも、それぞれのニーズに応じて多様な紛争解決手段を選択できるよう、裁判外紛争解決手段（ADR：Alternative Dispute Resolutionの略）の拡充・活性化を図る。

　さらに、三権分立ないし抑制・均衡システムの中で、従前にもまして司法の果たすべき役割が一層重要となることを踏まえ、司法の行政に対するチェック機能の強化を図る必要がある。

　刑事司法については、新たな時代・社会の状況の中で、国民の信頼を得ながら、その使命（適正手続の保障の下、事案の真相を明らかにし、適正かつ迅速な刑罰権の実現を図ること）を一層適切に果たしうるような制度の改革が必要である。

　まず、裁判内容に国民の健全な社会常識を一層反映させるため、一定の重大事件につき、一般の国民が裁判官と共に裁判内容の決定に参加する制度を新たに導入する。また、裁判の充実・迅速化を図るため、争点整理の充実とそれに資する証拠開示の拡

充の観点から、新たな準備手続の創設と証拠開示に関するルールを明確化するとともに、公判の連日的開廷を原則化する。そして、刑事司法の公正さの確保の観点から、被疑者・被告人の弁護人の援助を受ける権利を実効的に担保するため、これらの者に対する公的弁護制度を確立する。公訴提起の在り方については、検察官による一層適正な権限行使を求めるとともに、民意をより直截に反映させるため、検察審査会の一定の議決に対し法的拘束力を付与する制度を導入する。さらに、被疑者の取調べの適正さを確保するため、取調べ状況等を書面により記録することを義務付ける制度を導入する。

## (2) 司法制度を支える法曹の在り方（人的基盤の拡充）

**高度の専門的な法的知識を有することはもとより、幅広い教養と豊かな人間性を基礎に十分な職業倫理を身に付け、社会の様々な分野において厚い層をなして活躍する法曹を獲得する。**

今後の社会・経済の進展に伴い、法曹に対する需要は、量的に増大するとともに、質的にも一層多様化・高度化していくことが予想される。現在の我が国の法曹を見ると、いずれの面においても、社会の法的需要に十分対応できているとは言い難い状況にあり、前記の種々の制度改革を実りある形で実現する上でも、その直接の担い手となる法曹の質・量を大幅に拡充することは不可欠である。

法曹人口については、平成16（2004）年には現行司法試験合格者数1,500人を達成した上、新たな法曹養成制度の整備状況等を見定めながら、平成22（2010）年ころには新司法試験の合格者数を年間3,000人にまで増加させることを目指す。

法曹養成制度については、21世紀の司法を担うにふさわしい質の法曹を確保するため、司法試験という「点」による選抜ではなく、法学教育、司法試験、司法修習を有機的に連携させた「プロセス」としての法曹養成制度を整備することとし、その中核として、法曹養成に特化した大学院（以下、「法科大学院」と言う。）を設ける。

弁護士制度については、社会のニーズを踏まえ、法律相談活動の充実、弁護士報酬の透明化・合理化、専門性強化を含む弁護士の執務態勢の強化等により、国民の弁護士へのアクセスを拡充するほか、綱紀・懲戒手続の透明化・迅速化・実効化など弁護

士倫理の徹底・向上を図るための方策を講じる。

　検察官制度については、検察の厳正・公平性に対する国民の信頼を確保する観点から、検事を一般の国民の意識等を学ぶことができる場所で執務させることを含む人事・教育制度の抜本的見直しなど検察官の意識改革のための方策等を講じる。また、検察庁の運営に国民の声を反映することのできる仕組みを整備する。

　裁判官制度については、国民が求める裁判官を安定的に確保していくことを目指し、判事補に裁判官の職務以外の多様な法律専門家としての経験を積ませることを制度的に担保する仕組みの整備を始めとする判事補制度の改革や弁護士任官の推進など給源の多様化・多元化のための方策を講じるとともに、国民の意思を反映しうる機関が裁判官の指名過程に関与する制度の整備や人事評価について透明性・客観性を確保するための仕組みの整備等を行う。

## (3)　国民的基盤の確立（国民の司法参加）

**　国民は、一定の訴訟手続への参加を始め各種の関与を通じて司法への理解を深め、これを支える。**

　司法の国民的基盤を更に強固なものとして確立すべく、国民の司法参加を拡充するための方策を講じる。

　司法の中核をなす訴訟手続への新たな参加制度として、刑事訴訟事件の一部を対象に、広く一般の国民が、裁判官と共に、責任を分担しつつ協働し、裁判内容の決定に主体的、実質的に関与することができる新たな制度を導入する。民事訴訟手続については、専門的知見を要する事件を対象に、専門家が裁判の全部又は一部に関与し、裁判官をサポートする制度を導入する。また、検察審査会の一定の議決に法的拘束力を付与すること、人事訴訟の移管に伴う家庭裁判所の機能の充実の一環として参与員制度を拡充することなど、既存の参加制度についても拡充する。さらに、裁判官任命手続へ国民の意思を反映させる制度や、裁判所、検察庁、弁護士会の運営等について国民の意思をより反映させる仕組みを導入する。基本法制の整備など分かりやすい司法の実現、司法教育の充実、司法に関する情報公開の推進等、こうした司法参加を実効あらしめるための条件整備を進める。

## 3. 21世紀の司法制度の実現に向けて

　このような21世紀の司法制度を実現するために、当審議会は、これまでの調査審議を踏まえ、以下、「国民の期待に応える司法制度」、「司法制度を支える法曹の在り方」、「国民的基盤の確立」とに分けてその改革の具体的方策やその方向性などを詳述する。

　これら司法制度に関わる多岐にわたる改革は、相互に有機的に関連しており、その全面的で統一的な具体化と実行を必要としている。加えて、冒頭で述べたように、司法制度改革そのものも、先行して進められてきた政治改革、行政改革、地方分権推進、規制緩和等の経済構造改革等の一連の改革と有機的に関連するものであり、実際、これら諸改革において、司法制度の抜本的改革の必要が説かれてきたところである。例えば、中央省庁等の再編を導いた、行政改革会議の最終報告（平成9年12月3日）は、「内閣機能強化に当たっての留意事項」として、権力分立ないし抑制・均衡のシステムへの適正な配慮を伴わなければならず、「『法の支配』の拡充発展を図るための積極的措置を講ずる必要がある」と説くとともに、

　　「この『法の支配』こそ、わが国が、規制緩和を推進し、行政の不透明な事前規制を廃して事後監視・救済型社会への転換を図り、国際社会の信頼を得て繁栄を追求していく上でも、欠かすことのできない基盤をなすものである。政府においても、司法の人的及び制度的基盤の整備に向けての本格的検討を早急に開始する必要がある。」

と述べている。

　政府におかれては、今般の司法制度改革の意義及び重要性を踏まえ、本改革の早期かつ確実な実現に向け、内閣を挙げ、本格的に取り組まれることを期待する。本改革の実現には、これに必要とされる人員・予算の確保が不可欠であり、厳しい財政事情の中にあって相当程度の負担を伴うものであるが、政府におかれては、これまでの経緯にとらわれることなく、真にこれらの諸改革を実現しうる方策をもって、大胆かつ積極的な措置を講じられるよう、強く要望する次第である。

# II 国民の期待に応える司法制度

　国民が司法制度に期待するものは端的に何かと言えば、それは国民が利用者として容易に司法へアクセスすることができ、多様なニーズに応じて充実・迅速かつ実効的な司法救済を得られるということ、及び公正な手続を通じて犯罪の検挙・処罰が的確かつ適正・迅速に行われることにより安全な社会生活を営むことができるということであろう。民事司法、刑事司法を通じ、21世紀において我が国の置かれる時代環境を視野に入れつつ、法の支配の理念を機軸として、こうした国民の期待に応えうる司法の制度的基盤の整備を、後述する人的基盤の拡充（後記III「司法制度を支える法曹の在り方」）、国民的基盤の確立（後記IV）と相まって、強力に推し進める必要がある。

## 第1　民事司法制度の改革（略）

## 第2　刑事司法制度の改革

　刑事司法の目的は、公共の福祉の維持と個人の基本的人権の保障を全うしつつ、的確に犯罪を認知・検挙し、公正な手続を通じて、事案の真相を明らかにし、適正かつ迅速に刑罰権の実現を図ることにより、社会の秩序を維持し、国民の安全な生活を確保することにある。刑事手続は、その性質上、必然的に被疑者・被告人その他の関係者の権利の制約、制限を伴うものであるが、それは、こうした目的の下で、かつ適正な手続を経ることにより（憲法第31条以下の刑事手続に関する諸規定）、初めて正当化されるものである（すなわち、適正手続の保障の下で実体的真実の発見－事案の真相の解明－が求められているのであり、例えば、両者を相互に排斥し合うものとして位置付けたり、それを前提としていずれか一方のみを強調するような考え方は相当とは言えず、また、それらの要請を抽象的なレベルでのみとらえるだけで、直ちに具体的な制度の在り方が導き出されるものでもない。）。国民が期待するところも、刑事司法がこのような目的を十分かつ適切に果たしていくことにあると考えられる。

　刑事司法には、前記のとおり、今後の自由かつ公正な社会を支えるため、公正な手続を通じて、ルール違反に対する的確なチェック、効果的な制裁を科すことが一層強く求められることとなる。今後、我が国刑事司法を、国民の期待に応えその信頼を確

保しうるものとするためには、そうした時代・社会の要請を見定めながら、上述した刑事司法の目的を常に念頭に置いて、関連する諸制度につき、現状の問題点を冷静かつ公正な視点から点検した上、被疑者・被告人の防御権の保障等憲法の人権保障の理念を踏まえ、適切な制度を構築していくことが必要である。

そうした刑事司法全体の制度設計に当たり、刑事手続に一般の国民の健全な社会常識を直截に反映させうる具体的な仕組みを導入すること（後記Ⅳ「国民的基盤の確立」の第1の1.参照）は、刑事司法に対する国民の信頼を確保し、更にこれを高めていくために、不可欠であると考えられ、このことは司法の国民的基盤を確立するための方策の一環としても重要な意義を有するものと言わなければならない。

## 1. 刑事裁判の充実・迅速化

刑事裁判の実情を見ると、通常の事件についてはおおむね迅速に審理がなされているものの、国民が注目する特異重大な事件にあっては、第一審の審理だけでも相当の長期間を要するものが珍しくなく、こうした刑事裁判の遅延は国民の刑事司法全体に対する信頼を傷つける一因ともなっていることから、刑事裁判の充実・迅速化を図るための方策を検討する必要がある。

特に、一部の刑事事件の訴訟手続に国民参加の制度を新たに導入することとの関係で、その要請は一層顕著なものとなり、国民参加の対象とはならない事件をも含め、関連諸制度の見直しが緊要となる。

その基本的な方向は、真に争いのある事件につき、当事者の十分な事前準備を前提に、集中審理（連日的開廷）により、裁判所の適切な訴訟指揮の下で、明確化された争点を中心に当事者が活発な主張立証活動を行い、効率的かつ効果的な公判審理の実現を図ることと、そのための人的体制の整備及び手続的見直しを行うことである。

○ 以下のような新たな準備手続を創設すべきである。
・ 第一回公判期日の前から、十分な争点整理を行い、明確な審理の計画を立てられるよう、裁判所の主宰による新たな準備手続を創設すべきである。
・ 充実した争点整理が行われるには、証拠開示の拡充が必要である。そのために、証拠開示の時期・範囲等に関するルールを法令により明確化するとと

> もに、新たな準備手続の中で、必要に応じて、裁判所が開示の要否につき裁
> 定することが可能となるような仕組みを整備すべきである。
>
> ○　公判は原則として連日的に開廷するものとし、その実効性を確保するため
> 必要な措置を講じるべきである。
>
> ○　直接主義・口頭主義の実質化を図るため、関連諸制度の在り方を検討すべ
> きである。
>
> ○　充実・円滑な訴訟運営のため、裁判所の訴訟指揮の実効性を担保する具体
> 的措置を検討すべきである。
>
> ○　公的刑事弁護制度の整備を含め、弁護人が個々の刑事事件に専従できるよ
> うな体制を確立するとともに、裁判所、検察庁の人的体制をも充実・強化す
> べきである。

### (1)　新たな準備手続の創設

　審理の充実・迅速化のためには、早期に事件の争点を明確化することが不可欠であ
るが、第一回公判期日前の争点整理に関する現行法令の規定は、当事者の打合せを促
す程度のものにとどまり、実効性に乏しいことなどから、必ずしも十分に機能してい
ない。

　また、検察官の取調べ請求予定外の証拠の被告人・弁護人側への開示については、
これまで、最高裁判例の基準に従った運用がなされてきたが、その基準の内容や開示
のためのルールが必ずしも明確でなかったこともあって、開示の要否をめぐって紛糾
することがあり、円滑な審理を阻害する要因の一つになっていた。

　そうした現状を踏まえ、公判の充実・迅速化の観点から、次のような方向で具体的
な方策を講じるべきである。

・　第一回公判期日の前から、十分な争点整理を行い、明確な審理の計画を立てられ
　るよう、裁判所の主宰による新たな準備手続を創設すべきである。

・　充実した争点整理が行われるには、証拠開示の拡充が必要である。そのため、証
　拠開示の時期・範囲等に関するルールを法令により明確化するとともに、新たな準
　備手続の中で、必要に応じて、裁判所が開示の要否につき裁定することが可能とな
　るような仕組みを整備すべきである。

以上のような制度の具体的な在り方を検討するに当たっては、予断排除の原則との関係にも配慮しつつ、当該手続における裁判所の役割・権限（証拠の採否等裁判所の判断の対象範囲や訴訟指揮の実効性担保のための措置等を含む。）や当事者の権利・義務の在り方についても検討されるべきである。また、証拠開示のルールの明確化に当たっては、証拠開示に伴う弊害（証人威迫、罪証隠滅のおそれ、関係者の名誉・プライバシーの侵害のおそれ）の防止が可能となるものとする必要がある。

## (2)　連日的開廷の確保等

　刑事裁判の本来の目的からすれば、公判は可能な限り連日、継続して開廷することが原則と言うべきである。このような連日的開廷は、訴訟手続への国民参加の制度を新たに導入する場合、ほとんど不可欠の前提となる。現在は、刑事訴訟規則において同旨の規定があるものの、実効性に欠けることから、例えば、法律上このことを明示することをも含め、連日的開廷を可能とするための関連諸制度の整備を行うべきである。

　これに加えて、第一審の審理期間を法定化すべきだとの意見もあるが、その要否については、連日的開廷との関係をも考慮しつつ、更に検討すべきである。

## (3)　直接主義・口頭主義の実質化（公判の活性化）

　伝聞法則（他人から伝え聞いたことを内容とする証言を証拠とすることや公判外でなされた話を記録した文書などを公判での証言に代えて用いることを原則として禁止するもの）等の運用の現状については異なった捉え方があるが、運用を誤った結果として書証の取調べが裁判の中心を占めるようなことがあれば、公判審理における直接主義・口頭主義（裁判所自らが、公判廷で証拠や証人を直接調べて評価し、当事者の口頭弁論に基づいて裁判をするという原則）を後退させ、伝聞法則の形骸化を招くこととなりかねない。

　この問題の核心は、争いのある事件につき、直接主義・口頭主義の精神を踏まえ公判廷での審理をどれだけ充実・活性化できるかというところにある。特に、訴訟手続への新たな国民参加の制度を導入することとの関係で、後述する裁判員の実質的な関与を担保するためにも、こうした要請は一層強いものとなる。争いのある事件につき、集中審理の下で、明確化された争点をめぐって当事者が活発に主張・立証を行い、そ

れに基づいて裁判官（及び裁判員の参加する訴訟手続においては裁判員）が心証を得ていくというのが本来の公判の姿であり、それを念頭に置き、関連諸制度の在り方を検討しなければならない。

### ⑷　裁判所の訴訟指揮の実効性の確保

　充実しかつ円滑な審理の実現のためには、裁判所と訴訟当事者（検察官、弁護人）が、それぞれ、訴訟運営能力、訴訟活動の質の向上を図りながら、基本的な信頼関係の下に、互いに協力し支え合っていく姿勢を持つ必要があることは当然である。

　それを前提として、裁判所が、充実・円滑な訴訟運営の見地から、必要な場合に、適切かつ実効性のある形で訴訟指揮を行いうるようにすることは重要であり、それを担保するための具体的措置の在り方を検討すべきである。

### ⑸　弁護体制等の整備

　連日的開廷による充実かつ集中した審理を実現するためには、以下のとおり、弁護人を含む関係当事者の人的体制を整備すべきである。

・　弁護人が個々の刑事事件に専従できるような体制を確立するために、(i)後述する公的弁護制度を確立し、常勤の弁護士等が刑事事件を専門に取り扱うことができるような体制を整備し、(ii)私選弁護についても、法律事務所の法人化等により、弁護士の業務態勢の組織化、専門化を進めていくことが不可欠である。

・　これに併せて、裁判所、検察庁の人的体制の充実・強化（後記Ⅲ「司法制度を支える法曹の在り方」の第1の2.参照）も行うことが必要である。

### ⑹　その他（捜査・公判手続の合理化、効率化ないし重点化のために考えられる方策）

　争いのある事件とない事件を区別し、捜査・公判手続の合理化・効率化を図ることは、公判の充実・迅速化（メリハリの効いた審理）の点で意義が認められる。その具体的方策として、英米において採用されているような有罪答弁制度（アレインメント）を導入することには、被告人本人に事件を処分させることの当否や量刑手続の在り方との関係等の問題点があるとの指摘もあり、現行制度（略式請求手続、簡易公判手続）の見直しをも視野に入れつつ、更に検討すべきである。

## 2. 被疑者・被告人の公的弁護制度の整備

○ 被疑者に対する公的弁護制度を導入し、被疑者段階と被告人段階とを通じ一貫した弁護体制を整備すべきである。

○ 公的弁護制度の運営主体は、公正中立な機関とし、適切な仕組みにより、その運営のために公的資金を導入すべきである。

○ 弁護人の選任・解任は、現行の被告人の国選弁護制度と同様に裁判所が行うのが適切であるが、それ以外の運営に関する事務は、上記機関が担うものとすべきである。

○ 上記機関は、制度運営について国民に対する責任を有し、全国的に充実した弁護活動を提供しうる態勢を整備すべきである。殊に、訴訟手続への新たな国民参加の制度の実効的実施を支えうる態勢を整備することが緊要である。

○ 上記機関の組織構成、運営方法、同機関に対する監督等の在り方の検討に当たっては、公的資金を投入するにふさわしいものとするため、透明性・説明責任の確保等の要請を十分踏まえるべきである。

○ 公的弁護制度の下でも、個々の事件における弁護活動の自主性・独立性が損なわれてはならず、制度の整備・運営に当たってはこのことに十分配慮すべきである。

○ 弁護士会は、弁護士制度改革の視点を踏まえ、公的弁護制度の整備・運営に積極的に協力するとともに、弁護活動の質の確保について重大な責務を負うことを自覚し、主体的にその態勢を整備すべきである。

○ 障害者や少年など特に助力を必要とする者に対し格別の配慮を払うべきである。

○ 少年審判手続における公的付添人制度についても、積極的な検討が必要である。

⑴ 公的費用による被疑者・被告人の弁護制度（公的弁護制度）

ア 導入の意義、必要性

　刑事司法の公正さの確保という点からは、被疑者・被告人の権利を適切に保護する

ことが肝要であるが、そのために格別重要な意味を持つのが、弁護人の援助を受ける権利を実効的に担保することである。しかるに、資力が十分でないなどの理由で自ら弁護人を依頼することのできない者については、現行法では、起訴されて被告人となった以後に国選弁護人を付すことが認められているにとどまる。被疑者については、弁護士会の当番弁護士制度や法律扶助協会の任意の扶助事業によって、その空白を埋めるべく努力されてきたが、そのような形での対処には自ずと限界がある（関連して、少年事件の弁護士付添人についても、ほぼ同様の状況にある。）。これに加え、充実しかつ迅速な刑事裁判の実現を可能にする上でも、刑事弁護体制の整備が重要となる。このような観点から、少年事件をも視野に入れつつ、被疑者に対する公的弁護制度を導入し、被疑者段階と被告人段階とを通じ一貫した弁護体制を整備すべきである。

### イ 導入のための具体的制度の在り方

　以下の内容を考え方の基本として、具体的な制度の在り方とその条件につき幅広く検討した上、被疑者段階と被告人段階とを通じ一貫した弁護体制を整備すべきである。

・　公的弁護制度の運営主体は、公正中立な機関とし、適切な仕組みにより、その運営のために公的資金を導入すべきである。

・　弁護人の選任・解任（訴訟法上の地位の付与ないしこれを失わせる行為）は、現行の被告人の国選弁護制度と同様に裁判所が行うのが適切であるが、それ以外の制度の運営に関する事務は、上記機関が担うものとすべきである。

・　上記機関は、制度運営について国民に対する責任を有し、全国的に充実した弁護活動を提供しうる態勢を整備すべきである。殊に、訴訟手続への新たな国民参加の制度の実効的実施を支えうる態勢を整備することが緊要である。そのためには、例えば、常勤弁護士の配置や、個々の弁護士又は弁護士法人との契約を行うことなどが考えられる。

・　上記機関の組織構成、運営方法、同機関に対する監督等の在り方の検討に当たっては、公的資金を投入するにふさわしいものとするため、透明性・説明責任の確保等の要請を十分踏まえるべきである。

・　公的弁護制度の下でも、個々の弁護活動の自主性・独立性が損なわれてはならず、制度の整備・運営に当たってはこのことに十分配慮すべきである。

・　弁護士会は、弁護士制度改革（後記Ⅲ「司法制度を支える法曹の在り方」の第3

参照）の視点を踏まえ、公的弁護制度の整備・運営に積極的に協力するとともに、弁護活動の質の確保について重大な責務を負うことを自覚し、主体的にその態勢を整備すべきである。

・　障害者や少年など特に助力を必要とする者に対し格別の配慮を払うべきである。

(2)　**少年審判手続における公費による少年の付添人制度（公的付添人制度）**

少年法の改正（平成12年法律第142号）により、検察官が少年審判の手続に関与する場合における少年に対する国選付添人の制度が導入されたが、それ以外の場合の公的付添人制度についても、少年事件の特殊性や公的弁護制度の対象に少年の被疑者をも含める場合のバランスなどを考慮すると、積極的な検討が必要だと考えられる。その検討に当たっては、少年審判手続の構造や家庭裁判所調査官との役割分担、付添人の役割なども考慮される必要がある。

### 3．公訴提起の在り方

> 検察審査会の一定の議決に対し法的拘束力を付与する制度を導入すべきである。

検察官の起訴独占、検察官への訴追裁量権の付与は、全国的に統一かつ公平な公訴権の行使を確保し、また個々の被疑者の事情に応じた具体的妥当性のある処置を可能にするものであり、今後、国民の期待・信頼に応えうるよう、一層適正な運用が期待される。

同時に、公訴権行使の在り方に民意をより直截に反映させていくことも重要である。検察審査会の制度は、まさに公訴権の実行に関し民意を反映させてその適正を図るために設けられたものであり（検察審査員は選挙権者の中から抽選により選定される。）、国民の司法参加の制度の一つとして重要な意義を有しており、実際にも、これまで、種々の問題点を指摘されながらも、相当の機能を果たしてきた。このような検察審査会制度の機能を更に拡充すべく、被疑者に対する適正手続の保障にも留意しつつ、検察審査会の組織、権限、手続の在り方や起訴、訴訟追行の主体等について十分な検討を行った上で、検察審査会の一定の議決に対し法的拘束力を付与する制度を導入すべきである。

## ４．新たな時代における捜査・公判手続の在り方

　我が国の社会・経済が急速な変化を遂げつつある今日、犯罪の動向も複雑化、凶悪化、組織化、国際化の度合いを強めているが、従来の捜査・公判手続の在り方ないし手法ではこれに十分対応し切れず、刑事司法はその機能を十分発揮し難い状況に直面しつつある。そこで、刑事司法がその本来の使命を適切に果たせるよう、人権保障に関する国際的動向も踏まえつつ、新たな時代における捜査・公判手続の在り方を検討しなければならない。

### (1)　新たな時代に対応しうる捜査・公判手続の在り方

○　刑事免責制度等新たな捜査手法の導入については、憲法の人権保障の趣旨を踏まえながら、今後の我が国の社会・経済の変化やそれに伴う犯罪情勢・動向の変化等に応じた適切な制度の在り方を多角的な見地から検討すべきである。

○　参考人の協力確保及び参考人保護のための方策についても、同様の視点から検討すべきである。

○　国際捜査・司法共助制度については、適正手続の保障の下、今後一層拡充・強化すべきである。

### ア　刑事免責制度等の新たな捜査手法の導入
### (ア)　刑事免責制度の導入の是非

　刑事免責制度により供述を確保する捜査方法の導入は、組織的犯罪等への有効な対処方策であると認められる（組織の実態、資金源等についての供述を得る有効な手段となりうる。）。一方で、我が国の国民の法感情、公正感に合致するかなどの問題もあり、直ちに結論を導くことは困難であって、多角的な見地から検討すべき課題である。

### (イ)　参考人の協力確保のための方策、参考人保護のための方策

　刑事司法にとって参考人の協力が欠かせないことは論をまたず、今後の社会の変化の中で参考人の協力を確保するための方策が一層重要となる。現行法上の起訴前証人

尋問制度の拡充という方法も視野に入れつつ、種々の観点から十分に検討すべきである。

　他方で、参考人の協力を確保する前提として、協力した参考人には適切な保護が与えられることが必要であり、参考人保護のための方策も併せて検討すべきである。

**イ　国際捜査・司法共助制度の拡充強化**

　前述のとおり犯罪の国際化等が今後一層進展し、各国が協調して犯罪の予防及び撲滅へ効果的・効率的に取り組んでいく必要性がつとに指摘されていることを踏まえ、今後、適正手続の保障の下、国際捜査・司法共助制度を一層拡充・強化すべきである。

**(2)　被疑者・被告人の身柄拘束に関連する問題**

> ○　被疑者・被告人の不適正な身柄拘束を防止・是正するため、今後も、刑事手続全体の中で、制度面、運用面の双方において改革、改善のための検討を続けるべきである。
>
> ○　被疑者の取調べの適正さを確保するため、その取調べ過程・状況につき、取調べの都度、書面による記録を義務付ける制度を導入すべきである。

**ア　被疑者・被告人の身柄拘束に関して指摘されている問題点への対応**

　被疑者・被告人の身柄拘束に関しては、代用監獄の在り方、起訴前保釈制度、被疑者と弁護人の接見交通の在り方、令状審査、保釈請求に対する判断の在り方など種々の問題の指摘がある（国際人権規約委員会の勧告等）。そうした指摘をどのように受け止めるかについては、現状についての評価の相違等に起因して様々な考え方がありうることから、直ちに具体的結論を得ることは困難である。しかしながら、我が国の刑事司法が適正手続の保障の下での事案の真相解明を使命とする以上、被疑者・被告人の不適正な身柄拘束が防止・是正されなければならないことは当然である。それらの問題指摘の背景にある原因等を慎重に吟味しながら、今後とも、刑事手続全体の中で、制度面、運用面の双方において改革、改善のための検討を続けるべきである。

司法制度改革審議会意見書（抄）

## イ　被疑者の取調べの適正さを確保するための措置について

　被疑者の取調べは、それが適正に行われる限りは、真実の発見に寄与するとともに、実際に罪を犯した被疑者が真に自己の犯行を悔いて自白する場合には、その改善更生に役立つものである。

　しかしながら、他方において、被疑者の自白を過度に重視する余り、その取調べが適正さを欠く事例が実際に存在することも否定できない。我が国の刑事司法が適正手続の保障の下での事案の真相解明を使命とする以上、被疑者の取調べが適正を欠くことがあってはならず、それを防止するための方策は当然必要となる。

　そこで、被疑者の取調べ過程・状況について、取調べの都度、書面による記録を義務付ける制度を導入すべきである。制度導入に当たっては、記録の正確性、客観性を担保するために必要な措置（例えば、記録すべき事項を定めて定式的な形で記録させた上、その記録を後日の変更・修正を防止しうるような適切な管理体制の下で保管させるなどの方法が考えられる。）を講じなければならない。

　これに加え、取調べ状況の録音、録画や弁護人の取調べへの立会いが必要だとする意見もあるが、刑事手続全体における被疑者の取調べの機能、役割との関係で慎重な配慮が必要であること等の理由から、現段階でそのような方策の導入の是非について結論を得るのは困難であり、将来的な検討課題ととらえるべきである。

　なお、こうした方策のいかんにかかわらず、前述の被疑者に対する公的弁護制度が確立され、被疑者と弁護人との接見が十分なされることにより、取調べの適正さの確保に資することになるという点は重要であり、そのような意味からも、その充実が図られるべきである。

## 5．犯罪者の改善更生、被害者等の保護

○　刑事司法が犯罪者の改善更生に果たしてきた役割は重要であり、犯罪者の矯正処遇、更生保護に関わる制度及び人的体制の充実には十分な配慮を払うべきである。

○　刑事手続の中で被害者等の保護・救済に十分な配慮をしていくべきであり、そのために必要な検討を行うべきである。併せて、被害者等への精神的、経済的ケアをも含めて幅広い社会的な支援体制を整備することが必要である。

我が国の刑事司法は、犯罪者が社会復帰を果たし、再び犯罪を犯さないようにその改善更生を図っていく上でも、重要な役割を果たしている。それは、当該犯罪者自身の福利に役立つのみならず、社会の平穏な秩序を維持し、国民生活の安全を確保することにも寄与するものである。今後の社会においても、こうした役割は更に重要性を増すものと考えられ、犯罪者の矯正処遇、更生保護に関わる制度及び人的体制の充実には十分な配慮を払うべきである。

　更生保護においては、保護司が、保護観察官とともに、重要な役割を果たしてきたが、民間ボランティアとして無報酬で更生保護関係の事務に従事するという点で、刑事司法への国民参加の制度としての意味をも有している。しかし、保護司の高齢化など適任者を確保することの困難さ等が指摘されており、この制度を更に充実させるため、実費弁償の在り方を含め、国民の幅広い層から保護司の適任者を確保するための方策を検討すべきである。

　一方、刑事司法においては、従来、被害者の権利保護という視点が乏しかった面があるが、近時、この問題に対する社会的関心が大きな高まりを見せ、被害者やその遺族に対する一層の配慮と保護の必要性が改めて認識され、そのための諸施策が講じられつつある（犯罪被害者対策関係省庁連絡会議の設置、いわゆる犯罪被害者保護に関する二法の成立など）。刑事手続の中で被害者等の保護・救済に十分な配慮をしていくことは、刑事司法に対する国民の信頼を確保する上でも重要であり、今後も一層の充実を図るため、必要な検討を行うべきである。この問題については、刑事司法の分野のみにとどまらず、被害者等への精神的、経済的ケアをも含めて、幅広い社会的な支援体制を整備することが必要である。

## 第3　国際化への対応 （略）

# Ⅲ　司法制度を支える法曹の在り方

　制度を活かすもの、それは疑いもなく人である。本意見で述べるような、新たな時代に対応するための司法制度の抜本的改革を実りある形で実現する上でも、それを実際に担う人的基盤の整備を伴わなければ、新たな制度がその機能を十分に果たすことは到底望みえないところである。

　まして、今後、国民生活の様々な場面において法曹に対する需要がますます多様化・高度化することが予想される中での21世紀の司法を支えるための人的基盤の整備としては、プロフェッションとしての法曹（裁判官、検察官、弁護士）の質と量を大幅に拡充することが不可欠である。

　まず、質的側面については、21世紀の司法を担う法曹に必要な資質として、豊かな人間性や感受性、幅広い教養と専門的知識、柔軟な思考力、説得・交渉の能力等の基本的資質に加えて、社会や人間関係に対する洞察力、人権感覚、先端的法分野や外国法の知見、国際的視野と語学力等が一層求められるものと思われる。

　他方、量的側面については、我が国の法曹人口は、先進諸国との比較において、その総数においても、また、司法試験、司法修習を経て誕生する新たな参入者数においても、極めて少なく、我が国社会の法的需要に現に十分対応できていない状況にあり、今後の法的需要の増大をも考え併せると、法曹人口の大幅な増加が急務であることは明らかである。

　加えて、真に国民の期待と信頼に応えうる司法（法曹）をつくり育てていくためには、法律専門職（裁判官、検察官、弁護士及び法律学者）間の人材の相互交流を促進することも重要である。

## 第1　法曹人口の拡大（略）

## 第2　法曹養成制度の改革（略）

## 第3　弁護士制度の改革（略）

第4　検察官制度の改革（略）

第5　裁判官制度の改革（略）

第6　法曹等の相互交流の在り方（略）

# Ⅳ　国民的基盤の確立

　21世紀の我が国社会において、国民は、これまでの統治客体意識に伴う国家への過度の依存体質から脱却し、自らのうちに公共意識を醸成し、公共的事柄に対する能動的姿勢を強めていくことが求められている。国民主権に基づく統治構造の一翼を担う司法の分野においても、国民が、自律性と責任感を持ちつつ、広くその運用全般について、多様な形で参加することが期待される。国民が法曹とともに司法の運営に広く関与するようになれば、司法と国民との接地面が太く広くなり、司法に対する国民の理解が進み、司法ないし裁判の過程が国民に分かりやすくなる。その結果、司法の国民的基盤はより強固なものとして確立されることになる。

　国民が司法に参加する場面において、法律専門家である法曹と参加する国民は、相互の信頼関係の下で、十分かつ適切なコミュニケーションをとりながら協働していくことが求められる。司法制度を支える法曹の在り方を見直し、国民の期待・信頼に応えうる法曹を育て、確保していくことが必要である。国民の側も積極的に法曹との豊かなコミュニケーションの場を形成・維持するように努め、国民のための司法を国民自らが実現し支えていくことが求められる。

　そもそも、司法がその機能を十全に果たすためには、国民からの幅広い支持と理解を得て、その国民的基盤が確立されることが不可欠であり、国民の司法参加の拡充による国民的基盤の確立は、今般の司法制度改革の三本柱の一つとして位置付けることができる。

　また、司法参加の場面で求められる上記のような法曹と国民との十分かつ適切なコミュニケーションを実現するためには、司法を一般の国民に分かりやすくすること、司法教育を充実させること、さらに、司法に関する情報公開を推進し、司法の国民に対する透明性を向上させることなどの条件整備が必要である。

## 第1　国民的基盤の確立（国民の司法参加）

　我が国において、昭和3年から同18年までの間、刑事訴訟事件の一部について陪審制度（ただし、陪審の答申は裁判所を拘束しない。）が実施されていた。現行の司法

参加に関する制度を見ると、調停委員、司法委員、検察審査会等の制度があり、これまで相当の機能を果たしてきたものの、司法全体としては、国民がその運営に対し参加しうる場面はかなり限定的である上、参加の場面で国民に与えられている権限もまた限定的であると言える（なお、裁判所法第3条第3項参照）。司法への国民の主体的参加を得て、司法の国民的基盤をより強固なものとして確立するため、以下のとおり、これら現行の参加制度の改革を含め、裁判手続、裁判官の選任過程並びに裁判所、検察庁及び弁護士会の運営など様々な場面における適切な参加の仕組みを整備する必要がある。

## 1．刑事訴訟手続への新たな参加制度の導入

> 刑事訴訟手続において、広く一般の国民が、裁判官とともに責任を分担しつつ協働し、裁判内容の決定に主体的、実質的に関与することができる新たな制度を導入すべきである。

　訴訟手続は司法の中核をなすものであり、訴訟手続への一般の国民の参加は、司法の国民的基盤を確立するための方策として、とりわけ重要な意義を有する。

　すなわち、一般の国民が、裁判の過程に参加し、裁判内容に国民の健全な社会常識がより反映されるようになることによって、国民の司法に対する理解・支持が深まり、司法はより強固な国民的基盤を得ることができるようになる。このような見地から、差し当たり刑事訴訟手続について、下記(1)ないし(4)を基本的な方向性とし、広く一般の国民が、裁判官とともに責任を分担しつつ協働し、裁判内容の決定に主体的、実質的に関与することができる新たな制度を導入すべきである（参加する国民を仮に「裁判員」と称する。）。

　具体的な制度設計においては、憲法（第六章司法に関する規定、裁判を受ける権利、公平な裁判所の迅速な公開裁判を受ける権利、適正手続の保障など）の趣旨を十分に踏まえ、これに適合したものとしなければならないことは言うまでもない。

　また、この制度が所期の機能を発揮していくためには、国民の積極的な支持と協力が不可欠となるので、制度設計の段階から、国民に対し十分な情報を提供し、その意見に十分耳を傾ける必要がある。実施段階でも、制度の意義・趣旨の周知徹底、司法

教育の充実など制度を円滑に導入するための環境整備を行わなければならない。実施後においても、当初の制度を固定的にとらえることなく、その運用状況を不断に検証し、国民的基盤の確立の重要性を踏まえ、幅広い観点から、必要に応じ、柔軟に制度の見直しを行っていくべきである。

　なお、刑事訴訟手続以外の裁判手続への導入については、刑事訴訟手続への新制度の導入、運用の状況を見ながら、将来的な課題として検討すべきである。

### (1)　基本的構造

> ○　裁判官と裁判員は、共に評議し、有罪・無罪の決定及び刑の量定を行うこととすべきである。裁判員は、評議において、裁判官と基本的に対等の権限を有し、審理の過程においては、証人等に対する質問権など適当な権限を有することとすべきである。
>
> ○　一つの裁判体を構成する裁判官と裁判員の数及び評決の方法については、裁判員の主体的・実質的関与を確保するという要請、評議の実効性を確保するという要請等を踏まえ、この制度の対象となる事件の重大性の程度や国民にとっての意義・負担等をも考慮の上、適切な在り方を定めるべきである。
>
> ○　ただし、少なくとも裁判官又は裁判員のみによる多数で被告人に不利な決定をすることはできないようにすべきである。

### ア　裁判官と裁判員との役割分担の在り方

　裁判員が関与する意義は、裁判官と裁判員が責任を分担しつつ、法律専門家である裁判官と非法律家である裁判員とが相互のコミュニケーションを通じてそれぞれの知識・経験を共有し、その成果を裁判内容に反映させるという点にある。このような意義は、犯罪事実の認定ないし有罪・無罪の判定の場面にとどまらず、それと同様に国民の関心が高い刑の量定の場面にも妥当するので、いずれにも、裁判員が関与し、健全な社会常識を反映させることとすべきである。また、裁判官と裁判員との相互コミュニケーションによる知識・経験の共有というプロセスに意義があるのであるから、裁判官と裁判員は、共に評議し、有罪・無罪の決定及び刑の量定を行うこととすべき

である（ただし、法律問題、訴訟手続上の問題等専門性・技術性が高いと思われる事項に裁判員が関与するか否かについては、更なる検討が必要である。）。

裁判員が裁判官とともに責任を分担しつつ裁判内容の決定に主体的・実質的に関与することを確保するため、裁判員は、評議においても、裁判官と基本的に対等の権限を有するものとするほか、審理の過程において、証人等に対する質問権など適当な権限を与えられるべきである。

### イ　裁判体の構成・評決の方法

一つの裁判体を構成する裁判官と裁判員の数及び評決の方法については、相互に関連するので、併せて検討する必要があるが、裁判員の主体的・実質的関与を確保するという要請、評議の実効性を確保するという要請等を踏まえ、この制度の対象となる事件の重大性の程度や国民にとっての意義・負担等をも考慮の上、適切な在り方を定めるべきである。

すなわち、裁判員の主体的・実質的関与を確保するという要請からは、裁判員の意見が評決結果に影響を与えうるようにする必要がある。この関係で、裁判員の数も一つの重要な要素ではあるが、公判審理の進め方や評決方法などとも関連するので、これらと合わせて、裁判員の主体的・実質的関与の確保を図るべきである。

評議の実効性を確保するという要請からは、裁判体の規模を、実質的内容を伴った結論を導き出すために、裁判官及び裁判員の全員が十分な議論を尽くすことができる程度の員数とする必要がある。その数がどれ程であるかについては、評議の進め方や評決方法とも関連するので、これらの点をも合わせて検討すべきである。

ただし、裁判官と裁判員とが責任を分担しつつ協働して裁判内容を決定するという制度の趣旨、裁判員の主体的・実質的関与を確保するという要請を考慮すると、少なくとも、裁判官又は裁判員のみによる多数で被告人に不利な決定（有罪の判定など）をすることはできないようにすべきである。

### (2)　裁判員の選任方法・裁判員の義務等

○　裁判員の選任については、選挙人名簿から無作為抽出した者を母体とし、更に公平な裁判所による公正な裁判を確保できるような適切な仕組みを設けるべ

> きである。裁判員は、具体的事件ごとに選任され、一つの事件を判決に至るまで担当することとすべきである。
>
> ○　裁判所から召喚を受けた裁判員候補者は、出頭義務を負うこととすべきである。

### ア　裁判員の選任方法

　新たな参加制度においては、原則として国民すべてが等しく、司法に参加する機会を与えられ、かつその責任を負うべきであるから、裁判員の選任については、広く国民一般の間から公平に選任が行われるよう、選挙人名簿から無作為抽出した者を母体とすべきである。その上で、裁判員として事件を担当するにふさわしい者を選任するため、公平な裁判所による公正な裁判を確保できるような適切な仕組み（欠格・除斥事由や忌避制度等）を設けるべきである。できるだけ多くの国民が参加する機会を与えられ、裁判員となる者の負担を過当なものにしないため、裁判員は、具体的事件ごとに選任され、一つの事件を判決に至るまで担当した上、それをもって解任されるものとすべきである。

### イ　裁判員の義務等

　裁判員選任の実効性を確保するためには、裁判所から召喚を受けた裁判員候補者は出頭義務を負うこととすべきである。ただし、健康上の理由などやむを得ないと認められる事情により出頭できない場合や、過去の一定期間内に裁判員に選任された場合など一定の場合には、その義務を免除されるものとすべきである。

　裁判員が、裁判官と同様、評議の内容等職務上知ることのできた秘密に関する守秘義務を負うべきことや、裁判員及び裁判員候補者が、それぞれ相当額の旅費・手当等の支給を受けられるようにすべきことは当然である。その他、裁判員の職務の公正さの確保や、裁判員の安全保持などのためにとるべき措置についても更に検討する必要がある。

(3) 対象となる刑事事件

---

○ 対象事件は、法定刑の重い重大犯罪とすべきである。

○ 公訴事実に対する被告人の認否による区別は設けないこととすべきである。

○ 被告人が裁判官と裁判員で構成される裁判体による裁判を辞退することは、
　認めないこととすべきである。

---

　新たな参加制度の円滑な導入のためには、刑事訴訟事件の一部の事件から始めることが適当である。その範囲については、国民の関心が高く、社会的にも影響の大きい「法定刑の重い重大犯罪」とすべきである。「法定刑の重い重大犯罪」の範囲に関しては、例えば、法定合議事件、あるいは死刑又は無期刑に当たる事件とすることなども考えられるが、事件数等をも考慮の上、なお十分な検討が必要である。

　有罪・無罪の判定にとどまらず、刑の量定にも裁判員が関与することに意義が認められるのであるから、公訴事実に対する被告人の認否による区別を設けないこととすべきである。

　新たな参加制度は、個々の被告人のためというよりは、国民一般にとって、あるいは裁判制度として重要な意義を有するが故に導入するものである以上、訴訟の一方当事者である被告人が、裁判員の参加した裁判体による裁判を受けることを辞退して裁判官のみによる裁判を選択することは、認めないこととすべきである。

　なお、例えば、裁判員に対する危害や脅迫的な働きかけのおそれが考えられるような組織的犯罪やテロ事件など、特殊な事件について、例外的に対象事件から除外できるような仕組みを設けることも検討の余地がある。

(4) 公判手続・上訴等

---

○ 裁判員の主体的・実質的関与を確保するため、公判手続等について、運用上
　様々な工夫をするとともに、必要に応じ、関係法令の整備を行うべきである。

○ 判決書の内容は、裁判官のみによる裁判の場合と基本的に同様のものとすべ
　きである。

○ 当事者からの事実誤認又は量刑不当を理由とする上訴（控訴）を認めるべき

---

である。

### ア　公判手続

　裁判員が訴訟手続に参加する場合でも、裁判官である裁判長が訴訟手続を主宰し、公判で訴訟指揮を行うことに変わりはない。

　裁判員にとって審理を分かりやすいものとするため、公判は可能な限り連日、継続して開廷し、真の争点に集中した充実した審理が行われることが、何よりも必要である。そのためには、適切な範囲の証拠開示を前提にした争点整理に基づいて有効な審理計画を立てうるような公判準備手続の整備や一つの刑事事件に専従できるような弁護体制の整備が不可欠となる。非法律家である裁判員が公判での証拠調べを通じて十分に心証を形成できるようにするために、口頭主義・直接主義の実質化を図ることも必要となる。これらの要請は、刑事裁判手続一般について基本的に妥当するものではあるが（前記Ⅱ「国民の期待に応える司法制度」の第2の1.参照）、裁判員が参加する手続については、裁判員の主体的・実質的関与を確保する上で、殊のほか重要となる。そのため、裁判官のみによる裁判の場合への波及の可能性をも視野に置きながら、運用上様々な工夫をするとともに、必要に応じ、関係法令の整備を行うべきである。

### イ　判決書

　判決の結論の正当性をそれ自体として示し、また、当事者及び国民一般に説明してその納得や信頼を得るとともに、上訴による救済を可能ないし容易にするため、判決書には実質的な理由が示されることが必要である。裁判員が関与する場合でも、判決書の内容は、裁判官のみによる裁判の場合と基本的に同様のものとし、評議の結果に基づき裁判官が作成することとすべきである。

### ウ　上訴

　裁判員が関与する場合にも誤判や刑の量定についての判断の誤りのおそれがあることを考えると、裁判官のみによる判決の場合と同様、有罪・無罪の判定や量刑についても当事者の控訴を認めるべきである。控訴審の裁判体の構成、審理方式等については、第一審の裁判体の構成等との関係を考慮しながら、更に検討を行う必要がある。

## 2．その他の分野における参加制度の拡充

国民の司法参加を拡充するため、以下の方策を実施すべきである。
○　専門委員制度の導入、調停委員、司法委員及び参与員制度の拡充
○　検察審査会制度の拡充、保護司制度の拡充
○　裁判官の指名過程に国民の意思を反映させる機関の新設
○　裁判所、検察庁及び弁護士会の運営について国民の意思をより反映させる仕組みの整備

司法の国民的基盤をより強固なものとして確立するためには、前記のとおり、司法の様々な場面における適切な参加の仕組を整備する必要がある。上記刑事訴訟手続への新たな参加制度以外の諸方策の要旨は以下のとおりである（その詳細はそれぞれ関係箇所に記載したとおり）。

### ⑴　民事司法制度

各種専門領域における非法曹の専門家が、専門委員として、その分野の専門技術的見地から、裁判の全部又は一部に関与し、裁判官をサポートする専門委員制度について、選任方法や手続への関与の在り方等の点で裁判所の中立・公平性を損なうことのないよう十分配慮しつつ、それぞれの専門性の種類に応じて、導入の在り方を検討すべきである（前記Ⅱ「国民の期待に応える司法制度」の第1の2.⑴参照）。

民事・家事調停委員、司法委員及び参与員について、その選任方法の見直しを含め、年齢、職業、知識、経験等において多様な人材を確保するための方策を講じるべきである（同第1の5.⑵参照）。

家庭関係事件の家庭裁判所への移管に伴い、参与員制度を拡充すべきである（同第1の5.⑴参照）。

### ⑵　刑事司法制度

検察審査会の一定の議決に対し法的拘束力を付与する制度を導入すべきである（同第2の3.参照）。

国民の幅広い層から保護司の適任者を確保するための方策を検討すべきである（同

司法制度改革審議会意見書（抄）

第2の5.参照）。

## (3) 裁判官制度

　最高裁判所が下級裁判所の裁判官として任命されるべき者を指名する過程に国民の意思を反映させるため、最高裁判所に、その諮問を受け、指名されるべき適任者を選考し、その結果を意見として述べる機関を設置すべきである（前記Ⅲ「司法制度を支える法曹の在り方」の第5の2.参照）。

## (4) その他

　裁判所、検察庁及び弁護士会の運営について国民の意思をより反映させる仕組みを整備すべきである（同第3の6.、第4の2.、第5の4.参照）。

## 第2　国民的基盤の確立のための条件整備

### 1．分かりやすい司法の実現

> 　基本法制の改正の早期実現に期待するとともに、司法の運用もまた国民の視点に立った分かりやすいものとする配慮がなされることが望まれる。

　我が国の基本的な法令の中には、民法の一部や商法など、依然として片仮名文語体や現代社会に適応しない用語を交えたもの、枝番号や条文引用の方法が著しく煩雑で不親切なものなどがあり、法律専門家以外には容易に理解できないものとなっている。分かりやすい司法を実現するためには、司法判断の基礎となる法令（ルール）の内容自体を、国民にとって分かりやすいものとしなければならない。とりわけ基本的な法令は、広く国民や内外の利用者にとって、裁判規範としてのみならず行為規範としても、可能な限り分かりやすく、一般にも参照が容易で、予測可能性が高く、内外の社会経済情勢に即した適切なものとすべきである。国民の家庭内紛争事件に関わる人事訴訟手続法についても、また同様である。

　現在、法務省を中心にいわゆる基本法制を始めとする諸法令の改正のための法案作成作業が進められているところであるが、こうした基本法制の整備は、国会・行政を

含め国を挙げて取り組むべき課題であり、当審議会としても、基本法制の改正が早期に実現されることを期待する。

　こうした法令の内容自体を分かりやすくすることに加え、司法制度及びその運用を一般の国民に分かりやすくしていくことも必要である。特に、文章が難解であるとの批判がなされる判決書については、これまでも、裁判所において分かりやすくするための工夫がなされてきたが、引き続き、国民の視点に立った検討が望まれる。また、法廷における関係者間のやり取りについても、傍聴をしている一般の国民にも理解できるような配慮がなされることが望まれる。

## ２．司法教育の充実

> 　学校教育等における司法に関する学習機会を充実させることが望まれる。このため、教育関係者や法曹関係者が積極的役割を果たすことが求められる。

　法や司法制度は、本来は、法律専門家のみならず国民全体が支えるべきものである上、今後は、司法参加の拡充に伴い、国民が司法の様々な領域に能動的に参加しそのための負担を受け入れるという意識改革も求められる。

　そのためには、学校教育を始めとする様々な場面において、司法の仕組みや働きに関する国民の学習機会の充実を図ることが望まれる。そこでは、教育関係者のみならず、法曹関係者も積極的な役割を果たすことが求められる。

## ３．司法に関する情報公開の推進

> 　裁判所、検察庁、弁護士会における情報公開・提供を推進すべきである。

　最高裁判所、法務省及び弁護士会（日本弁護士連合会、単位弁護士会）においては、従前から、それぞれホームページを開設するなどして、各種情報を提供しているところである。さらに、本年４月１日、行政庁（検察庁を含む。）の情報公開制度が発足したことに伴い、裁判所においても、その保有する司法行政文書について、内部規定を定め、これに準じた情報の公開を行うこととした。また、日本弁護士連合会におい

ても、業務、財務、懲戒手続、専門分野その他弁護士に関わる情報等に関する情報公開・提供の拡充について検討しているところである。

　既述のように、司法の様々な場面において国民の参加を拡充する前提としても、司法の国民に対する透明性を向上させ、説明責任を明確化することが不可欠である。このような見地から、裁判所、検察庁、弁護士会においては、情報公開・提供を引き続き推進すべきである。

> 　判例情報をプライバシー等へ配慮しつつインターネット・ホームページ等を活用して全面的に公開し提供すべきである。

　裁判所においては、従来、先例的価値のある判例情報については、最高裁判所及び高等裁判所の判例集のほか、知的財産権などの特定の分野についての判例集の編集刊行を行ってきた。また、民間の判例雑誌、データベース等によっても、判例情報の提供がなされている。個々の事件の判決については、民事訴訟法上誰でも閲覧が可能であり、利害関係人については謄写も可能である。

　さらに、判例情報への国民の迅速かつ容易なアクセスを可能にするため、最高裁判所では、平成9年にホームページを開設し、現在、(i)最近の主要な最高裁判所の判決全文、(ii)東京高等・地方裁判所及び大阪高等・地方裁判所を中心とした下級裁判所の知的財産権関係訴訟の判決全文を速報していることに加え、(iii)過去の下級裁判所の知的財産権関係訴訟に関する裁判例をデータベースにより公開している。

　判例情報の提供により、裁判所による紛争解決の先例・基準を広く国民に示すことは、司法の国民に対する透明性を向上させ、説明責任を明確化するというにとどまらず、紛争の予防・早期解決にも資するものである。

　裁判所は、判例情報、訴訟の進行に関する情報を含む司法全般に関する情報の公開を推進していく一環として、特に判例情報については、先例的価値の乏しいものを除き、プライバシー等へ配慮しつつインターネット・ホームページ等を活用して全面的に公開し提供していくべきである。

## V　今般の司法制度改革の推進（略）

# お わ り に

　当審議会は、本意見により、2年間にわたる調査審議の結果を取りまとめ、これを内閣に対して提出するとともに、これまで高い関心と期待を持って調査審議を見守り、当審議会に宛てて多くの意見や要望などを寄せてこられた国民各位に対して報告するものである。

　本意見は、司法制度の全般にわたり、その根幹にかかわる大幅な改革を提言するものとなっている。今般の改革は、昭和22年に施行された日本国憲法に基づいて発足した現行の制度を、半世紀を経て初めて、利用者である国民の視点から抜本的に改革するものであり、これほどまでに重大な改革を一時に実行しなくてはならなくなった要因の一つとして、これまでの司法制度の改革、改善の在り方の問題性が挙げられるべきことは明らかであろう。法曹三者は、これまで法曹三者を中心に進められてきた我が国の司法制度改革が社会・経済の変化等に柔軟に対応してきたとは言い難いことについて真摯に反省しなくてはならない。今後の司法制度の改革、改善は、過去の経緯にとらわれることなく、責任の所在の明確化、社会・経済の状況や国民のニーズへの的確な対応、説明責任や透明性の確保・強化を旨として、司法の独立に十分配慮しつつも、国民の目に見える分かりやすい形で進めなくてはならない。

　もとより、裁判所、検察庁及び弁護士会や法律学者などの実務的・専門的意見を参考としつつ制度の改革・改善を進める必要があるものの、司法制度の在り方が、従来のように、いやしくも法曹三者の意向のみによって決定されるようなことがあってはならず、また、そうした受け取られ方をされることがないよう十二分な配慮をすべきである。そのためにも、法曹三者は、それぞれが外部の評価を真摯に受け止め、適切に対応していくことが求められる。そして、何より重要なことは、司法制度の利用者の意見・意識を十分汲み取り、それを制度の改革・改善に適切に反映させていくことであり、利用者の意見を実証的に検証していくために必要な調査等を定期的・継続的に実施し、国民の期待に応える制度等の改革・改善を行っていくべきである。

　当審議会としては、本意見が我が国の司法制度にとって新たな出発の機会となり、その提言する改革が着実に実行に移され、司法制度が一日も早く、利用しやすく国民の期待と信頼に応えるものとなることを衷心より切望してやまない。

司法制度改革審議会意見書（抄）

　最後に、本意見を取りまとめるに至るまで当審議会に対して力強い協力と支援を寄せてこられた国民各位に、改めて深い謝意を表するとともに、将来に対して大きな意味を持つこの改革を確実に成し遂げ、司法制度を我が国が新たな発展に向かって前進していくための礎とするためには、国民一人ひとりが、共通の課題として改革の実現過程を冷静かつ厳格に見つめ、内閣を中心とした推進体制に対して忌憚のない意見、要望等を寄せるとともに、絶えず改革のための力を与え続ける必要があることを申し上げて、本意見を閉じることとしたい。

【著者略歴】

**秋葉　康弘**（あきば　やすひろ）

1955年　北海道に生まれる

1979年　東北大学法学部卒業

1981年　札幌地方裁判所判事補

　　　　（東京地方検察庁検事、東京地方裁判所判事補を経て）

1989年　裁判所書記官研修所（現・裁判所職員総合研修所）教官

　　　　（那覇、仙台各地方裁判所判事を経て）

1997年　司法研修所教官

　　　　（東京地方裁判所判事、仙台高等裁判所事務局長を経て）

2007年　東京地方裁判所部総括判事

2011年　さいたま地方裁判所部総括判事

2012年　福島地方裁判所所長

2014年　東京高等裁判所部総括判事

2018年　高松高等裁判所長官

2021年　中央大学大学院法務研究科教授（現職）


**主な著書**

「一罪の一部についての再逮捕・再勾留」『新実例刑事訴訟法Ⅰ』（青林書院・
　1998年）

「条解刑法」［第32章脅迫の罪、第33章略取、誘拐及び人身売買の罪担当］（弘
　文堂・2002年）

「核心司法にかなった争点整理における求釈明の在り方」『池田修先生前田雅英
　先生退職記念論文集これからの刑事司法の在り方』（弘文堂・2020年）

「控訴審における事実誤認の審査（最一小判令和5・9・11）」『令和5年度重
　要判例解説』（有斐閣・2024年）

# 裁判員裁判の実務

2024年7月17日　初版第1刷発行

著　者　　秋　葉　康　弘

発 行 者　　市　倉　　　泰

発 行 所　　株式会社 恒 春 閣

〒114-0001　東京都北区東十条6‐6‐18
tel. 03‐6903‐8563・fax. 03‐6903‐8613
https://www.koshunkaku.jp

ISBN978-4-910899-13-8　　　印刷／日本ハイコム株式会社
定価はカバーに表示してあります。

〈検印省略〉
Koshunkaku Co., Ltd.
Printed in Japan